应用型人才培养"十三五"规划精品示范教

新时代"互联网＋教育"可视化教程

劳动教育理论与实践

石英 ◇ 编著

湖南师范大学出版社

·长沙·

图书在版编目（CIP）数据

劳动教育理论与实践 / 石英编著． -- 长沙 ：湖南师范大学出版社，2020.9
ISBN 978-7-5648-3982-6

Ⅰ．①劳… Ⅱ．①石… Ⅲ．①劳动教育－高等职业教育－教材 Ⅳ．① G40-015

中国版本图书馆 CIP 数据核字（2020）第 181459 号

劳动教育理论与实践

LAODONG JIAOYU LILUN YU SHIJIAN

◇编 著：石 英
◇责任编辑：刘德华 孙雪娇
◇校对编辑：陈晓霞
◇出版发行：湖南师范大学出版社
    地址/长沙市岳麓山
    邮编/410081
    电话/0731—88873071 88873070
    传真/0731—88872636
    网址/http://press.hunnu.edu.cn
◇经销：全国新华书店
◇印刷：长沙长大成彩印有限公司
◇开本：787mm×1092mm 1/16开
◇印张：11.75
◇字数：243千字
◇版次：2020年9月第1版第1次印刷
◇书号：ISBN 978-7-5648-3982-6
◇定价：38.00 元

前言

党的十八大以来，习近平总书记立足新时代历史方位，对劳动和劳动教育发表了一系列重要论述。2018 年全国教育大会上，习近平总书记要求把劳动教育纳入培养社会主义建设者和接班人的总体要求之中，明确提出构建德智体美劳全面培养的教育体系。2020 年 3 月，中共中央、国务院发布了《关于全面加强新时代大中小学劳动教育的意见》（以下简称《意见》），对新时代劳动教育做了顶层设计和全面部署，意义重大，影响深远。《意见》要求，以习近平新时代中国特色社会主义思想为指导，全面贯彻党的教育方针，把劳动教育纳入人才培养全过程，促进学生形成正确的世界观、人生观、价值观。《意见》还提出，要全面构建体现时代特征的劳动教育体系，在大中小学设立劳动教育必修课程。此次《意见》的发布充分体现了党和国家教育顶层设计对新时代以劳成才和成人相结合的高度重视，令人鼓舞。加强劳动教育，可以帮助学生树立正确的劳动观念，提高学生的职业技能水平和就业创业能力，培养学生精益求精的工匠精神和爱岗敬业的劳动态度，能够使学生具有到艰苦地区和艰苦行业工作的奋斗精神，以及面对重大疫情和重大灾害主动作为的奉献精神。

一、主要内容

本书的编写人员经过广泛的社会调研，在大量阅读文献资料的基础上，对内容作了如下安排：

本书共分为十章，主要内容包括：劳动教育与劳动价值观、劳动精神、劳模精神、工匠精神、家务劳动、校园劳动、社会实践、公益服务活动、劳动安全、劳动法规与劳动权益等。

二、本书特色

» 注重知识融合

本书在内容设置上强调劳动教育课与思想政治课、法律课、专业技能课的有机融合，实现知识的全覆盖，形成具有综合性、实践性、开放性、针对性的劳动教育课程内容体系，全面落实中央关于劳动教育的新要求。

》紧贴实际需求

本书在全方位讲述劳动教育理论的同时，引导学生面对真实的生活世界和职业世界，引导学生动手实践。例如，在书中单列或穿插了大量的教学活动设计和案例，特别是针对普通高校和职业院校实际，设置了教学实践活动，引导和教会学生通过劳动实践，积累职业经验，培养职业荣誉感，树立正确的就业观。

》形式不拘一格

本书体系完整，理论与实际相结合，语言表达严谨朴实，能使读者体会到劳动的亲切与自然。本书结构多以一个知识点或案例的解析作为章节的开头，然后进行系统的理论讲解，再辅以拓展阅读和思考练习，从而形成一个"为什么、是什么、怎么办"的科学合理的教学闭环。

三、适用对象

本书可作为普通高校劳动教育的教材使用，同时也适用于劳动教育问题的研究爱好者，乃至想弘扬劳动精神的企业与家庭。

本书在编写过程中，我们参阅、借鉴了诸多著作和资料，在此，我们向这些著作和资料的作者表示深深的谢意！

新时代的劳动教育是一个全新的课题，编者在编写本书时尚未有权威的系统介绍劳动教育的书籍，由于编者水平有限，若书中有不妥之处，希望广大读者批评指正。

编者

2020 年 4 月

目录

第一章  劳动教育与劳动价值观

↘ **学习目标**

1. 了解劳动的含义、基本特征和作用。

2. 了解劳动教育的含义、任务和发展过程。

3. 了解新时代劳动教育的时代背景和意义，熟悉新时代劳动教育的内容。

4. 掌握马克思主义劳动观主要内容。

5. 了解习近平新时代中国特色社会主义劳动思想的内容。

 **课程导入**

在劳动中淬炼成长

　　炒一份"余老师同款蛋炒饭"、以"抗疫加油"为主题进行一场水果拼盘大比拼、养护一盆绿植作为特殊的开学礼物、制作一个手工包送给妈妈……由于新冠肺炎疫情，学生们经历了一段特殊的成长时光，这也成为进行劳动教育的一个机会。一些学校开展"厨艺云课堂""线上手工课"等活动，引导学生参与形式多样的家务劳动。一份份特别的"作业"让居家生活变得丰富多彩，也让学生们在一菜一饭、一针一线中体会劳动的滋味。

　　《尚书》有云："不知稼穑之艰难，乃逸乃谚。"的确，没有挥洒过劳动的汗水，没有体会过劳动的艰辛，就很难真正理解劳动的内涵、珍视劳动的价值。环顾我们周边，青少年"不识稼穑"的现象并不罕见。因为"课业忙""不重视"等，他们很少有机会走进"实践的课堂"，难以对现实中的劳动有更多切身的体验和感受，在一定程度上折射出劳动教育淡化、弱化的现实。

　　"离开劳动，不可能有真正的教育。"教育家苏霍姆林斯基的话至今依然给我们深刻的启示。

想一想　　现在生活条件越来越好，还需不需要加强劳动教育？

第一节　劳动与劳动教育概述

一、劳动

　　人类很早就对"劳动"这一概念有了深刻的认识。比如"日出而作，日落而息"中的"作"就是对劳动的一种认识，指从事某种劳作活动。通过劳动，以身体力行的方式获取知识，几乎是人类文明起源与发展的最主要手段。

（一）劳动的概念

　　劳动是人类社会生存和发展的基础，是人类维持自我生存和自我发展的唯一手段。劳动主要是指人类为创造自身生存和发展必需的物质财富与精神财富而进行的有目的的生产活动和提供非物质的服务活动。它包括以下三个层次的要求：

　　（1）在法律允许范围内的劳动。

（2）经过交换的劳动（可能是资本交换，也可能是收入交换）。

（3）满足他人和社会需要的劳动。

马克思对劳动的定义"劳动首先是人和自然之间的过程，是人以自身的活动来引起、调整和控制人和自然之间的物质交换的过程"。

劳动是人类运动的一种特殊形式。劳动力的使用就是劳动本身。劳动力的买者消费劳动力，就是让劳动力的卖者为其提供劳动。

（二）劳动的基本特征

劳动是指人和自然之间的物质以及能量、信息的变换过程，是人类对自然界的积极改造。劳动是人类特有的活动，其本质特征表现在以下几个方面：

（1）劳动是有明确的目的的改造自然的自觉活动。

（2）劳动必须创造并使用一定的物质手段，主要是劳动工具。

（3）劳动的对象具有广泛性，是以人类自身为主体改造整个世界并创造人化世界。

（4）衡量人类劳动的尺度具有多维性，包括真理尺度、价值尺度和审美尺度，即真、善、美的统一。

（三）劳动的重要性

1. 劳动是推动人类社会进步的根本力量

劳动是人类的本质活动，是推动人类社会进步的根本力量，劳动光荣、创造伟大是对人类文明进步规律的重要诠释。2013 年 4 月 28 日，习近平同全国劳动模范代表座谈时指出："人民创造历史，劳动开创未来。劳动是推动人类社会进步的根本力量。"

在人类社会的早期，人类通过劳动战胜大自然，获取食物，满足了自己生存的基本需要。随着人类生产力的不断提高，人类劳动的能力和技巧也不能得到提高，这个时候人类劳动作用也就随之发生了改变。当人类的劳动足以满足自身的生存需要的时候，人类就开始追求更高层次的需要，这个时候劳动就帮助人类积累生产资料和社会财富，这些生产资料和社会财富不断积累，人类劳动的能力和技巧也不断地提高。在这个过程中人类社会也发生着变化：从原始社会、奴隶社会、封建社会、资本主义社会到社会主义社会不断地变化着，最终人类还要过渡到共产主义社会。

2. 劳动是国家发展强大的根本动力

中华民族是勤于劳动、善于创造的民族。正是因为劳动创造，我国拥有悠久而光辉的历史；也正是因为劳动创造，我们拥有了今天的辉煌成就。劳动生产力是随着科学和技术的不断进步而不断发展的，当今我国的电子设备、科技产品和互联网等发展日新月异，这是依靠劳动不断推动科技发展，从而促进现代劳动方式的转变，推动劳动的现代化，使工作效率不断提高，而我国国力也正在突飞猛进。

当前，全国各族人民正满怀信心为实现"两个一百年"奋斗目标、为实现中华民族伟大复兴而努力。实现我们确立的奋斗目标，归根到底要靠辛勤劳动、诚实劳动、科学劳动。

↘ 知识链接

我国古代纺织革新家黄道婆

黄道婆是我国元代著名的女纺织革新家，对我国古代纺织技术作出了巨大贡献。

黄道婆是松江乌泥泾镇（今上海华泾镇）人。她在海南岛居住了 30 多年，学会了当地黎族人的纺织技术，还把黎族使用的纺织工具带回家乡，逐步加以改进。她改进的"擀（搅车，即轧棉机）、弹（弹棉弓）、纺（纺车）、织（织机）之具"，以及"错纱配色，综线挈花之法"，大大提高了当地纺织水平，松江成为全国的棉织业中心，兴盛了数百年，黄道婆也赢得"衣被天下"的盛誉。她的事迹被载入史册，永远受到后人的敬仰。

3. 劳动是创造美好生活的基本途径

劳动是实现人生价值，创造美好生活的基本途径。习近平总书记就曾说过，"幸福不会从天降，美好生活靠劳动创造"。

当前我国社会的主要矛盾已经转化为人们日益增长的美好生活需要和不平衡不充分的发展之间的矛盾。人们不再满足于丰衣足食，而是要从中获取更多的满足感和幸福感，这些都需要通过劳动获得。可以说，劳动促进了人的自身发展，使人追求美好生活成为一种必然。

正如马克思所说，劳动已经不仅仅是谋生的手段，而且本身成了生活的第一需要。这就要求我们正确认识劳动在人的生存和发展中的重要地位，相信通过劳动肯定能实现人的美好向往，实现人生价值。

📖 拓展阅读

人类劳动的分类

根据参与运动的人体主流系统的不同，人类劳动可分为体力劳动、脑力劳动与生理力劳动。

1. 体力劳动

体力劳动是指以人体肌肉与骨骼的劳动为主，以大脑和其他生理系统的劳动为辅的主体劳动，如步行、挑水。体力劳动是所有动物都具有的劳动形式，生物进化到一定程度，就形成动物的运动系统。体力劳动的形成使动物一方面能够通过改变自己与外客观事物的空间距离，从而灵活地选择客观事物和外部环境；另一方面能通过肌肉和骨骼形成一定的机械作用力来改变事物的数学与物理性质，如空间位置、形状尺寸。任何体力劳动的形成、维持和发展必须依靠机体其他生理系统的参与，并为之提供物质、能量和信息，因此体力劳动必然伴随着其他生理系统的劳动。

2. 脑力劳动

脑力劳动是指以大脑神经系统的劳动为主，以其他生理系统的劳动为辅的主体劳动，如思考、记忆等。第二信号系统的形成与发展是脑力劳动得以产生的前提条件，低等动物的大脑由于不具备第二信号系统，不能相对独立地进行脑力劳动，它只是为体力劳动或其他运动提供必要的本能控制信号，从属于其他形式的劳动，因此脑力劳动是只有人类才具有的劳动。

3. 生理力劳动

生理力劳动是指除了体力劳动和脑力劳动以外的其他形式的生物组织主体劳动。广义地讲，生理力劳动是一切生物都具有的劳动形式：对于植物来说，有光合作用、蒸腾作用、呼吸作用等；对于动物来说，有消化、呼吸、血液循环、生殖、分泌、神经等。

任何形式的生理力劳动都可归结于细胞的劳动，而细胞的劳动实际上就是一个物质和能量代谢的过程。人的生理系统通过一定的生理力劳动对所获取的食物进行消化、吸收、传输和能量转换，为整个生理系统的正常运行提供所需的物质和能量，以保证机体协调一致地运行。

📖 **探究与交流**

想一想，你从事过哪些劳动？这些劳动给你带来了哪些好处？

二、劳动教育

（一）劳动教育的任务

（1）进行系统的马克思主义劳动理论教育，区分两种对立的劳动观。每个学生都要懂得劳动创造了人，劳动创造了世界，劳动创造了现代的物质文明和精神文明。人类的历史就是劳动人民生产劳动的历史，劳动推动历史发展。勤劳可以铲除倦息、罪恶、匮乏三害；而懒惰可以滋生三害，懒是罪恶的源泉。剥削阶级轻视体力劳动，而无产阶级则认为劳动光荣。

（2）培养劳动观念、劳动习惯和学习专业生产技术的兴趣。我国是劳动人民当家作主的社会主义国家，必须以共产主义思想为指导，培养共产主义的劳动态度。应热爱劳动，尊重劳动人民，珍惜劳动成果，养成勤俭节约、手脑并用、勇于创造的劳动习惯。

（3）增强劳动纪律和法治观念。劳动的社会性决定了它要靠自觉的纪律来维系，没有一定的纪律，社会集体劳动就不可能实现。进行纪律教育不仅是劳动教育的重要内容，还是劳动教育的任务，是学生走向社会的必要准备。

（4）掌握组织生产和管理生产的初步知识和技能。科学、技术和管理是现代文明的三大支柱。特别是生产劳动的管理对提高经济效益有明显的作用，因此，管理是不用投资的扩大再生产。

（二）劳动教育的发展进程

1. 我国古代劳动文化

中华民族是一个勤于劳动，善于创造的民族。我们始终将勤勉劳作视为社稷之基和生活之本，崇尚"天道酬勤""民生在勤，勤则不匮"等理念。古代先贤为此留下诸多至理名言："人生在勤，不索何获""君子之处世也，甘恶衣粗食，甘艰苦劳动，斯可以无失矣""勤劳乃逸乐之基也"，辛勤劳动成为中华民族的传统美德，世代相传，历久弥新，同时也成为历代家训中的一项重要内容。

📖 拓展阅读

曾氏家训：早扫考宝，书蔬鱼猪

曾国藩为晚清中兴四大名臣之首，湘军创立者和统帅，后人评价其"立德立功立言三不朽，为师为将为相一完人"。曾氏家族更是历史上有名的侯门望族，历经百余年而长盛不衰，家族人才辈出，在学术、科技、文化等领域都有很大成就。这和曾国藩的家教家训有着密切的关系，他非常注重家庭教育，强调持家教子，修身立志，对长辈悉心问候，对同辈劝诫勉励，对子孙严格鞭策，注重以身垂范。其家训可归纳为"早扫考宝，书蔬鱼猪"八字。

"早"是早起，"扫"是打扫，"考"是重视祭祀祖先，"宝"是搞好邻里关系，"书"是读书，"蔬"是种蔬菜，"鱼"是养鱼，"猪"是喂猪。

曾国藩还总结道："书蔬鱼猪，一家之生气；早扫考宝，一人之生气。"

📖 探究与交流

你知道有哪些中华优秀传统劳动文化？

2. 我国当代劳动教育发展嬗变

中华人民共和国成立后，"教育与生产劳动相结合"在很长一段时期内被确定为我国的教育方针。我国劳动教育实践经历了70多年的实施、锤炼与积淀，经历了模仿、探索、迷失、推进和升华五个重要阶段。

一是劳动教育实践的"学习期"。中华人民共和国成立之初，百废待兴，我国进入全面学习苏联教育阶段。参照苏联经验，改进了中、小学教育，强调学生的全面发展，加强学校的思想政治教育。

二是劳动教育实践的"探索期"。随着我国教育的不断发展，入学人数激增，中小学升学与就业成为一项突出的问题。当时轻视体力劳动和劳动者的思想仍普遍存在，在此背景下，中共中央、国务院对教育脱离生产劳动的现象进行了批评，提出教育要与生产劳动相结合。随后全国普遍停课，开始了大规模下乡下厂大炼钢铁的活动。

三是劳动教育实践的"迷失期"。从1966年起，劳动教育与阶级斗争相结合成为当时的劳动教育思想，学校先后停课，高校完全停止招生，严重阻碍了我国教育事业的发展。

四是劳动教育实践的"推进期"。改革开放以后，国家发展开始以经济建设为中心，科教兴国战略思想逐渐形成，提出以经济建设为中心，科学、教育为两翼，带动中国各项事业的发展。

五是劳动教育实践的"升华期"。随着我国社会主义建设进入新时代，对劳动教育提出了新的要求，肯定了劳动实践积极意义，提出五育并举、加强劳动教育、深化素质教育、培养全面发展人才的要求。

📖 拓展阅读

劳动教育的四重属性

1. 价值属性

劳动教育不仅具有传授知识、技能的工具性价值，还具有创造美好生活的终极性价值。劳动教育能够帮助学生理解劳动是一切财富和幸福的源泉，鼓励他们用创新性劳动去创造新生活，形成处处是创造之地、天天是创造之时、人人是创造之人的生动局面。

2. 社会属性

劳动教育是一项系统工程，需要家庭、学校、政府、社会等多方协作，才能形成育人合力。家庭是人生的第一所学校，家长是孩子的第一任老师，家长要在儿童的心灵中播下热爱劳动的种子，使他们从小树立起正确的劳动价值观。各级各类学校应着力建设课程完善、资源丰富、模式多样、机制健全的教学体系，探索构建涵盖动手实践内容的学生综合素质评价体系。政府和教育管理部门要对学校劳动教育的实施情况开展检查指导，健全政策，出台指导意见和大纲。全社会共同参与，整合资源、搭建基地，形成立体化劳动教育实践体系。

3. 历史属性

不同时期劳动教育的理念、目标及内容被打上了历史烙印，并保持着与时代发展同向同行、同频共振的创新追求。2018年，习近平总书记在全国教育大会上提出坚持中国特色社会主义教育发展道路、培养德智体美劳全面发展的社会主义建设者和接班人。这是新时代劳动教育的行动指南。

4. 审美属性

劳动教育科学地揭示了美的根源在于劳动的真理性认识，并通过主观见之于客观的实践活动不断地培养审美观念、提升审美旨趣、充实审美体验，体现了合规律性与合目的性的统一。

📖 **探究与交流**

想一想，作为大学生的我们，怎样才能更好地践行新时代劳动教育思想？

第二节　新时代劳动教育

一、新时代劳动教育的时代背景

习近平总书记在十九大上指出，中国特色社会主义进入新时代。进入新时代，是从党和国家事业发展的全局视野、从改革开放近40年历程和十八大以来5年取得的历史性成就和历史性变革的方位上，所作出的科学判断。

这个新时代，是承前启后、继往开来、在新的历史条件下继续夺取中国特色社会主义伟大胜利的时代。"经过长期努力，中国特色社会主义进入了新时代，这是我国发展新的历史方位。"2017年10月18日，在中国共产党第十九次全国代表大会上，习近平郑重宣示。这一宣示，概括了中华民族的伟大飞跃，坚定了中国共产党的时代使命。这一宣示，明确了旗帜，更预示了未来。中国特色社会主义是一篇大文章，以习近平同志为核心的党中央将带领中国社会和中国人民书写新时代的中国特色社会主义新篇章。

新时代是决胜全面建成小康社会、进而全面建设社会主义现代化强国的时代，是全国各族人民团结奋斗、不断创造美好生活、逐步实现全体人民共同富裕的时代，是全体中华儿女勤力同心、奋力实现中华民族伟大复兴中国梦的时代，是我国日益走近世界舞台中央、不断为人类作出更大贡献的时代。

📖 **拓展阅读**

劳动教育成为必修课

2020年3月20日，中共中央国务院发布了《关于全面加强新时代大中小学劳动教育的意见》（以下简称《意见》）。

《意见》指出，应根据各学段特点，在大中小学设立劳动教育必修课程，系统加强劳动教育。职业院校实习实训课为主要载体开展劳动教育，其中劳动精神、劳模精神、工匠精神专题教育不少于 16 学时。普通高等学校要明确劳动教育主要依托课程，其中本科阶段不少于 32 学时。除劳动教育必修课程外，其他课程结合学科、专业特点，有机融入劳动教育内容。大中小学每学年设立劳动周，可在学年内或寒暑假自主安排，以集体劳动为主。高等学校也可安排劳动月，集中落实各学年劳动周要求。

其中，中等职业学校重点是结合专业人才培养，增强学生职业荣誉感，提高职业技能水平，培育学生精益求精的工匠精神和爱岗敬业的劳动态度。高等学校要注重围绕创新创业，结合学科和专业积极开展实习实训、专业服务、社会实践、勤工助学等，重视新知识、新技术、新工艺、新方法应用，创造性地解决实际问题，使学生增强诚实劳动意识，积累职业经验，提升就业创业能力，树立正确择业观，具有到艰苦地区和行业工作的奋斗精神，懂得空谈误国、实干兴邦的深刻道理；注重培育公共服务意识，使学生具有面对重大疫情、灾害等危机主动作为的奉献精神。

想一想

你认为让劳动教育成为必修课有必要性吗？为什么？

二、新时代劳动教育的意义

随着经济与社会的快速发展，对劳动者的素质要求越来越高，加强劳动教育的意义十分重大。

（一）有利于满足职业教育发展的需要

开展劳动教育是全面贯彻教育方针、实施素质教育、提高学生全面素质的基本途径。职业教育是国民教育体系中重要的组成部分，但是我国自古以来轻视体力劳动的思想根深蒂固，社会上对职业教育存在偏见，认为职业教育就是培养一线操作工，没有地位，使很多学生产生自卑心理，认为到职业学校读书没有面子。通过加强劳动教育，让学生树立职业有分工，劳动无贵贱的正确劳动观念，有利于推动职业教育的深入发展。

（二）有利于满足未来职业发展的需要

现代社会越来越重视劳动者的素质，没有高尚的劳动品质和极强的劳动能力，劳动者的技术优势就得不到充分发挥，工作质量就得不到保证。职业教育作为就业性教育，培养的学生进入社会走向工作岗位后，能否健康发展，与其劳动素质紧密相关。因此，要充分认识到劳动教育与未来职业生涯的关系，通过劳动教育提高劳动者的职业素养，才能适应未来职业的需要，成为全面发展的社会主义建设者。

（三）有利于学生健康成长全面发展

劳动教育具有培养劳动技术技能、技术素质的功能，同时还具有以劳树德、以劳增智、以劳强体、以劳益美和以劳创新等促进学生全面发展的综合功能。劳动教育具有一定的学生政治和道德意义，是学生整体素质教育的重要部分。通过劳动教育，一方面，可以培养学生艰苦朴素、吃苦耐劳的劳动美德，养成尊重他人劳动成果，改变懒惰的劳动习惯，塑造自己的责任心和团队协作品质。另一方面，可以强健体魄，在劳动过程中养成认识问题、分析问题和解决问题的能力，培养学生的创造能力和创新能力，并有利于学生树立正确的世界观、人生观和价值观，帮助学生健康成长。

> **探究与交流**
>
> 劳动教育需要我们手脑并用、心手相生。掌握一定的劳动技能固然重要，不过，更为重要的是，通过创造性劳动教育，可以让我们因取得劳动成果而感到满足、愉悦，体验到劳动的价值感和存在感，切实感受劳动不仅光荣，还能让人获得幸福，能让身心获得全面发展。
>
> 你认同上述观点吗？请结合自己的体验或见闻谈谈理想的劳动教育应达到的目的。

三、新时代劳动教育的内容

（一）劳动树德

马卡连柯在《劳动教育》中说：“劳动永远是人类生活的基础，是创造人类生活和文明幸福的基础。”“劳动最大的益处还在于人们的道德和精神上的发展。”

劳动教育是全面教育体系的重要组成部分，与德育、体育、美育、劳育密不可分，贯穿于德智体美的全过程，坚持以劳树德，加强劳动教育，提高道德认知，培育道德情感，锻炼道德意志，养成道德习惯。从培养劳动习惯入手，热爱劳动工具，珍惜劳动成果，养成勤俭节约、吃苦耐劳、勇敢诚实的良好美德，自己的事情自己做，树立自我服务和公益服务性劳动观念。从事劳动能够使我们具备起码的生活能力，培养关心和尊重长辈的道德意识，增强社会责任感。

> **拓展阅读**
>
> **教育的根本任务——立德树人**
>
> **1. 立德树人是大学的立身之本，是对人才培养的根本要求**
>
> “立德”是确立崇高的思想品德，“树人”是培养高素质的人才。纵观世界高等教育史，大学的功能随着时代的发展变化而逐步拓展，但培养具有崇高道德水准

和高素质的人才这一基本功能、中心任务始终没有变。

《大学》的开篇之语"大学之道，在明德，在亲民，在止于至善"，就体现了中国古代对"立德树人"的探索追求。离开立德树人，大学就不能履行人才培养的任务，就会失去存在的最根本基础。

2. 立德树人是衡量一所高校办学水平的根本标准

一所大学办得好不好，不是看它的物质条件如何优越、办学规模如何庞大，而是看它培养出什么样的人才，看它对所在国家、民族及全人类所做的贡献。中国现代史上有不少大学的办学条件非常简陋，却因其在人才培养方面的贡献而载入史册。例如，在延安"山沟沟"里创办的陕北公学等一批学校因为为党和人民培养了一大批优秀分子，所以在中华人民共和国的高等教育史上留下了浓墨重彩的一笔。

当前，高校要肩负起"双一流"建设的历史使命，就必须在"立德树人"上做大文章，实现"立德"与"树人"的统一。

3. 立德树人是中国高等教育改革发展的本质要求

当今时代，各种思想交相融合并冲突，青少年的成长环境发生了深刻变化，面临着复杂环境的挑战，一些高校存在着"重智育、轻德育""重书本教育、轻实践教育"等问题。立德树人就是聚焦学生这个中心，围绕学生、关照学生、服务学生，引导他们正确认识中国发展大势，正确认识中国特色，正确认识时代责任和历史使命，正确认识远大抱负和脚踏实地，全面提高学生思想政治素质，成为中国特色社会主义伟大事业的建设者和接班人。

📖 **探究与交流**

以小组为单位，同小组成员探讨，可以通过哪些具体的劳动来树德？

（二）劳动增智

劳动增智指通过劳动系统地学习科学文化知识和劳动技能，发展智力和与学习有关的非智力因素。

劳动是一切知识的源泉，通过加大学生的劳动教育来增长劳动见识，丰富劳动知识与劳动技能，培养学生抽象思维能力，促进智力发展。劳动一方面可以帮助学生更加深刻地理解课堂上教授的理论、概念、方法等知识，为这些知识提供真实情景的体验场所，体会其中的真理和美好；另一方面也为这些知识的运用提供实践机会。劳动实践把所学知识利用起来，实现学以致用，使所学知识得到内化和升华。知识的掌握是一个多次往复的过程，通过劳动实现了理论与实践的结合应用。劳动实践帮助学生奠定理论研究，也为学习理论活动提供底层的逻辑，这将使得学习认知更加深刻，思维更加深化，实现了知识往复循环，形成了一次完整的知识构建，使得学习效果更加夯实。

📖 **拓展阅读**

劳动增智的五大目标

1. 观察力

观察力是指大脑对事物的观察能力，如通过观察发现新奇的事物等，在观察过程中对声音、气味、温度等有一个新的认识，并通过对现象的观察，提高对事物本质认识的能力。我们可以在学习训练中增加一些训练内容，如观察和想象项目，通过训练来提高学员的观察力和想像力。

2. 注意力

注意力是指人的心理活动指向和集中于某种事物的能力。如有的学生能全神贯注地长时间看书和研究课题等，这就是注意力强的体现。

3. 记忆力

记忆力是识记、保持、再认识和重现客观事物所反映的内容和经验的能力。例如，我们年老时也还记得父亲母亲年轻时的形象、少年时家庭的环境等一些场景，这就是人的记忆在起作用。

4. 思维力

思维力是人脑对客观事物间接的、概括的反映能力。当人们在学会观察事物之后，他逐渐会把各种不同的物品、事件、经验分类归纳，不同的类型他都能通过思维进行概括。思维力是智力的核心。

5. 想象力

想象力是人在已有形象的基础上，在头脑中创造出新形象的能力。如当你说起汽车，我马上就想象出各种各样的汽车形象来。因此，想象一般是在掌握一定的知识面的基础上完成的。

（三）劳动强体

每一个人都离不开劳动，劳动有助于增强体质，让人拥有健康的体魄。劳动能改善睡眠，使人身强体壮。相对于健身，从事体力劳动讲究更多的是平衡、杠杆、全身肌肉和力量调动，讲究整体，技巧性更强。在劳动中，只要掌握好疲劳程度，不松懈的劳动锻炼都是有益于健康的。

很多学生忙于学习，或是沉迷于电脑和手机游戏，长期保持同一畸形姿势，导致骨骼关节变形，视力下降。而劳动能使他们抬头远望，舒展身姿，有利于身体生长发育。需要注意的是，如果劳动不适度，强度超出了身体承受能力，将会给身体造成不同程度的危害。所以，在选择所要进行的项目劳动时，一定要根据自身实际情况出发，做到循序渐进、以劳强体。

知 识 贴 士

这些家务劳动，你知道它们锻炼了身体的哪些部位吗？

家务劳动	锻炼部位
扫地	胸部、背部、手臂
清洁马桶	背部、手臂
擦洗浴缸	背部、手臂
烹饪	上半身
拖地	肩膀
洗衣	上半身、胸部
洗碗	前臂、肱二头肌、胸部

↘ 课程实践

嫁接果树

以班级为单位，由老师带领同学们到相关场地进行果树嫁接活动。

嫁接要领：

（1）嫁接时间应选择在初春果树萌发新芽或秋季果树落叶时。

（2）应选用同科同属的砧木，如嫁接苹果树用海棠做砧木、嫁接桃树用木桃做砧木，以便砧木和枝条完美连接。

（3）应从果树靠近根的部位，摘取 8～10 厘米的枝条，枝条上需有 2～4 个芽眼，以便果树更好地生长。

（4）砧木上端应用刀切 3～5 厘米深的小口，枝条切口处也应斜切一刀，在枝条、砧木伤口处喷洒药剂，然后用塑料袋、塑料绳等工具将其捆绑连接，等待 15～20 天拆下薄膜即可。

📖 探究与交流

回顾以往，想一想你曾经做过哪些劳动，是否达到了强体的效果？

（四）劳动育美

劳动育美是指通过劳动培养人们认识美、体验美、感受美、欣赏美和创造美的能力，从而使人们具有美的理想、美的情操、美的品格和美的素养。

青少年学生正处于培养审美素质和创美能力，促进身心和谐健康发展的关键阶段。通过劳动教育，让学生认识到劳动创造了美，劳动创造了美好生活。劳动本身也是美的表现。在参加劳动的过程中，有意识地以审美的眼光开展劳动、审视自己的劳动成果，从而确立起对劳动、创造和认识的美感，达到劳动与情感和审美教育的统一。通过劳动不仅能获得知识技能，同时也能广泛地接受美、感受美和体验美。加强劳动有助于我们亲身体验劳动之美，增强审美能力，培养审美情怀，从而实现以劳育美的作用。

📖 **拓展阅读**

> 我们世界上最美好的东西，都是由劳动、由人的聪明的手创造出来的。——高尔基
>
> 劳动作为教育人的有目的的活动，是与其他诸方面的教育作用紧密相连和相互制约的，如果这些相互关系与制约的关系不能实现，劳动就会变成令人生厌的义务，不论对智慧还是对心灵都不会有任何裨益。——苏霍姆林斯基
>
> 只有走在生活的前面，用自己的劳动创造了新的生活的人，才谈得上真正的美。——蒋孔阳
>
> 在学习中，在劳动中，在科学中，在为人民的忘我服务中，你可以找到自己的幸福。——捷连斯基

（五）劳动创新

劳动创新是指通过人的脑力劳动萌发出技术、知识、思维的革新，从而高效提升劳动效率、产生出超值社会财富或成果的劳动。劳动创新具有阶段性发展、超越同质劳动等特点。

劳动是理论知识的真实情境的探索，需要我们参与其中，运用自身的主观能动性，综合所学知识和认知去解决各种问题，完成各项任务。劳动能促进我们的手脑结合，促进大脑发育，促进创新创造智慧。劳动可以极大地刺激我们对知识的渴求，促进创新精神的形成。

📖 **拓展阅读**

> ### 吴锋文：做梦都想着技术创新
>
> 今年 35 岁的吴锋文在漳州大北农农牧科技有限公司担任设备主管，先后 4 次被评为省、市"五小"创新能手，获得"漳州市劳动模范""福建省青年岗位能手""漳州市金牌工人"等荣誉称号。这一切，源于他对工作的热爱，对技术的苛刻与执着。在大北农见到吴锋文时，他正在门卫室改善一台臭氧消毒机。他笑称自己的工作就像一名"老中医"，上班第一件事就是先给设备"把脉""问诊"，不管设备"有病"还是"亚健康"，都要仔细检查，确保设备稳定安全运转。"饲料设备维修作业既苦又累，作业完后，往往是汗流浃背，衣服裤子都湿透了。因此我经常在想，怎样创新改造，才能改进设备、减少消耗、提高效益。"吴锋文说，对设备进行创新改造，仅靠原先学到的理论知识和工作积累的经验，是远远不够的，最起码对公司现有设备的机械原理、电气控制原理、常见故障排除等都要了如指

掌。因此，工作之余，他大量阅读与岗位相关的专业理论知识，结合工作如饥似渴地学习，遇到问题总是刨根问底，不懂就虚心请教行家里手，不服输地找"病根"、寻"良方"，不把问题搞懂、弄通、解决，决不罢手。"经常白天碰到问题，晚上做梦还在想着怎么解决。"一年后，吴锋文摸索、总结、整理出一套"饲料加工设备常见故障排除方法"，和同事们一起培训学习，为保证设备正常运行筑起了一道坚实的屏障。

工作中，吴锋文发现车间制粒机制粒室内，每班清理出来的锅巴料有近40公斤，每年因此浪费4.8万元。于是，他开始琢磨着如何让这些物料变废为宝。他多次与负责生产、品管的同事沟通，共同研讨物料回收工艺，经多次制作改进，终于成功研发出"锅巴料回收装置"，荣获省总工会职工"五小"创新大赛一等奖，并获得实用新型专利授权。一次，为了更换提升机皮带，同事们七八人费了好大的劲、花了近半天时间，才将工作做好。事后吴锋文便一直想着，如何研发出一套自动设备，快速更换好皮带。

他查阅了大量有关方面的专业书籍，自己动手一遍又一遍地设计、制作、改进，最终采用"棘轮棘爪"机械原理，解决了反转问题，成功研发出"更换提升机皮带装置"，大大提高了工作效率。2020年初，他又成功研发出一套饲料生物安全控制系统，应用在公司人员及车辆的全方位消毒，以有效断除细菌感染源，保障公司的生物安全。

多年来，凭着一股不懈地"钻"劲和努力，吴锋文在饲料设备领域上，成功研发出了10多项技术改造、获得9项专利授权，创造一项又一项创新技改项目，一年可节约配件费用约10万元。

第三节 劳动价值观

一、马克思主义劳动观

劳动是马克思用以分析人类历史发展的核心范畴之一。人类历史是以人的物质劳动作为载体的历史，劳动在整个人类社会和社会历史的发展中处于关键性地位。马克思对人类劳动的基本价值进行分析，其主要主张有以下几点。

（一）劳动创造世界

马克思认为，构成人类赖以存在的现实世界的关键要素之一正是人的劳动，而且这种劳动是现实生活中的人的感性物质劳动，即作为人类实践活动最基本形式的"生产劳动"。马克思认为，这是区分人与动物的关键。"人们生产自己的生活资料，同时间接地生产着自己的物质生活本身。"从这里可以看出，人类的生产劳动都是有意识、有目的的活动，是想创造出一个可以满足人类生活需要的物质世界。

也正是通过劳动，人类和外部世界的关系才发生了根本性的转变，原先自在意义的自然世界逐渐成为自为意义的人类世界。在这一世界中，劳动的目的在于改变或改造世界。作为人类最基本实践活动形式的劳动，也不再只是单纯地依靠人的感性活动，而是将感性活动转变为人的现实社会活动。

（二）劳动创造历史

在马克思看来，只有人类的生产劳动才真正构成了人类历史的基础，才是解开人类历史发展秘密的钥匙。这表明，只有立足于生产劳动才能真正理解人类历史的发展，只有劳动人民才是历史的创造者，而人类创造历史的行动蕴含在日常生产劳动之中。马克思认为人类历史发展的一切现实性都离不开人的劳动过程。总的来看，在马克思的历史唯物主义中，劳动被看作"一切历史的基本条件"和"人类的第一个历史性活动"。

马克思曾说："人们为了能够'创造历史'，必须能够生活。但是为了生活，首先就需要吃喝住穿以及其他一些东西。因此，第一个历史活动就是生产满足这些需要的资料，即生产物质生活本身，而且，这是人们从几千年前直到今天单是为了维持生活就必须每日每时从事的历史活动，是一切历史的基本条件。"

（三）劳动创造人

马克思深刻指出，劳动不仅创造出人类的物质世界和社会历史，同时也创造了人类自己。为了能够在对自身生活有用的形式上占有自然物质，人类必须使得他身上的自然力——臂和腿、头和手运动起来，而当人类通过这种运动作用于他身外的自然并改变自然时，也就同时改变他自身所处的社会生活及人类本身。因此，"劳动是整个人类生活的第一个基本条件，而且达到这样的程度，以致我们在某种意义上不得不说：劳动创造了人本身"。对此，恩格斯从人类起源的意义上论证了劳动在从猿到人的转变过程中具有决定性作用。这种决定性作用主要体现在两个方面：不仅在人类的起源意义上，是劳动创造了人本身，而且在人类的进化意义上，也是劳动创造了人本身。

（四）劳动创造商品价值

马克思在《资本论》中提出了较为完整的劳动二重性理论，即把劳动区分为具体劳动和抽象劳动，劳动的二重性统一于劳动过程之中。在这里，马克思把商品看作使用价值和价值的统一体，拥有不同形式的具体劳动主要决定使用价值，而凝结在商品中的一般的、无差别的抽象劳动则是形成商品价值的唯一源泉。由此，马克思将抽象劳动的价值视为商品价值的一般尺度，而劳动的自然尺度则是劳动时间，因而就可以用抽象劳动时间量来衡量商品的价值量。虽然当代社会的劳动形态已经发生了巨大变化，但劳动仍然是商品价值的唯一源泉。

马克思指出："一切劳动，一方面是人类劳动力在生理学意义上的耗费；就相同的或抽象的人类劳动这个属性来说，它形成商品价值。一切劳动，另一方面是人类劳动力在特殊的有一定目的的形式上的耗费；就具体的有用的劳动这个属性来说，它生产使用价值"。

"商品具有价值，因为它是社会劳动的结晶。商品的价值的大小或它的相对价值，取决于它所含的社会实体量的大小，也就是说，取决于生产它所必需的相对劳动量。所以，各个商品的相对价值，是由耗费于、体现于、凝固于该商品中的相应的劳动数量或劳动量决定的。"

（五）劳动是实现人的全面发展的重要途径

马克思、恩格斯通过对人类社会发展的历史考察，特别是对工场手工业取代个体手工业、进而走向机器大工业历史进程的考察发现，不合理的社会分工会造成人的片面发展，从而提出现代教育的目标就在于实现人的全面发展。值得注意的是，马克思、恩格斯最初所说的人的全面发展，并不是指人在德、智、体、身心各方面都得到发展，而是指人的劳动能力的全面发展。马克思、恩格斯之所以如此强调人的劳动能力的全面发展，主要是因为当时社会分工的精细化已经导致人的劳动能力逐渐丧失整体性。体力劳动和脑力劳动的分离，以及体力、脑力的各自片面发展在一定程度上都将限制和破坏人发展的全面性。因此，只有通过提高人全方面的劳动能力才能使人有能力适应工种的变化和创造出更多的劳动财富，而这启示我们，社会生产劳动对人的全面发展起着重大作用，也要求我们实现教育与生产劳动的内在结合。

📖 拓展阅读

马克思主义对于劳动本质的认识

马克思主义对劳动本质的认识，主要体现为劳动本质论、劳动价值论以及劳动解放论。

1. 劳动本质论

"人的本质"是什么，一直是困扰哲学界的一个重要命题。马克思主义认为劳动是人的本质，人的本质是一切社会关系的总和。

第一，劳动创造了人本身。恩格斯在《劳动在从猿到人转变过程中的作用》一文中，详细描述了劳动在人类从猿进化为人的过程中的作用，即会使用和创造劳动工具把人类社会与猿群世界得以区分开来。

第二，劳动创造了人类生活。马克思、恩格斯在《德意志意识形态》中明确地指出："全部人类历史的第一个前提无疑是有生命的个人的存在。"而这"有生命的个人"之所以能够存在，最主要是因为他们能通过自己的劳动来创造和生产物质生活资料。因此，马克思认为劳动的过程就是人通过自身的劳动作用于自然的过程，是人的本质力量与自然之间的一种物质交换过程。

第三，劳动是一切价值的创造者。马克思认为"劳动是一切价值的创造者。只有劳动才赋予已发现的自然产物以一种经济学意义上的价值"。所以说，劳动是人类创造物质和精神财富的活动。

第四，劳动创造了社会关系。劳动不仅创造了人与自然的关系，劳动还形成了人与人之间（即"劳动资料的占有和使用关系，劳动的分工和协作关系，劳动产品的交换、分配和消费关系等"）以及人与主观意识之间的关系，而这些关系成为人类社会的基本关系。

2. 劳动价值论

劳动价值论是马克思主义政治经济学的基础理论，它详细阐述了商品经济的本质和运行规律。马克思从商品入手，引出商品的二重性——价值和使用价值，商品的使用价值就是"物的有用性"，而商品的价值是指凝结在商品中的无差别的人类劳动。劳动的二重性决定了商品的二重性。具体劳动创造使用价值，抽象劳动创造价值。比如在资本主义生产方式下，资本家通过买卖劳动力，劳动力成为商品，资本家按照劳动力的价值支付劳动者一定的工资。

3. 劳动解放论

马克思主义立足于"实践论"的基础之上，推翻了先前旧哲学先验主义本体论的思维方法，从对"人的本质"的论述和对"异化劳动"的批判中，寻求人的解放的最终途径。在《1844年经济学哲学手稿》中，马克思批判了黑格尔只承认"精神劳动"的价值，只知道劳动的积极方面，而忽略了其消极方面。他进一步指出："劳动这种生命活动、这种生产生活本身对人说来不过是满足一种需要即维持肉体生存的需要的手段……

一个种的全部特性、种的类特性就在于生命活动的性质，而人的类特性恰恰就是自由的自觉的活动。"

马克思对于人的解放的思考并没有停留在对于资本主义"劳动异化"的批判，他还进一步提出了"劳动复归"理论。只有彻底消除私有制，社会生产得到极大的发展，人类才能从劳动的束缚和奴役状态中解放出来，真正享受劳动所带来的创造的快乐，自由地分配自己的时间，拥有自己的劳动成果，从而实现劳动的解放和人类的解放。

二、习近平新时代中国特色社会主义劳动思想

（一）坚持综合育人理念

一段时期以来，劳动的独特育人价值在一定程度上被忽视。习近平新时代中国特色社会主义劳动思想立足于人的整体性，融合多学科知识，对人、社会和自然进行整合，将理论知识有机融入现实社会，对学生健全人格发展起着重要作用，充分肯定了劳动教育"具有树德、增智、强体、育美的综合育人价值"，要求全党全社会必须高度重视，"坚持立德树人""把劳动教育贯穿于人才培养的全过程"。

（二）强调教育与劳动相结合

教育与劳动相结合是马克思主义教育的基本思想，也是我国《教育法》规定的明确要求。然而，由于应试教育的惯性作用，教育与劳动分离，导致一些学生身心发展失衡，不能健康成长。因此，习近平新时代中国特色社会主义劳动思想强调了劳动教育的重点是要让学生在系统的文化知识学习之外有目的、有计划地参加劳动实践，出力流汗，实现知行合一，获得身心全面发展。

（三）兼顾传统劳动和新型劳动

当今社会，劳动仍然是人类社会赖以生存和发展的基础。掌握必备的劳动知识和技能，树立正确的劳动观念，不仅有利于促进学生的全面发展，还有利于提升学生将来的生存能力和生活质量。另外，随着时代的发展，劳动的构成更加复杂多元，现代化、信息化、智能化的劳动内容不断增加。因此，习近平新时代中国特色社会主义劳动思想强调要以日常生活劳动、生产劳动和服务性劳动为主，特别强调要"结合产业新业态、劳动新形态，注重选择新型服务性劳动的内容"。

> 📖 **探究与交流**
>
> 和同学相互交流分享，谈谈你理解的新型劳动的类型。

（四）关注培养劳动素养

劳动素养是指劳动者在劳动过程中与之相匹配的劳动心态和劳动技能的综合概括，是衡量劳动者能否完成某对应性工作的最根本、最直接的工作能力指标。劳动者的劳动不是简单的机械制造或再造，而是有生命、有理想的劳动者个体按劳动计划而展开的创造性工作。

劳动素养中的劳动心态包括：

①对待工作的态度。

②帮助他人的心态。

③对他人心智的解读。

④对他人需求的认知。

劳动技能是指在解决工作问题及矛盾的过程中，受劳动者支配和运用到的劳动工具及方法，并由此而产生并达到预定劳动结果的专业技能。劳动心态和劳动技能是相互结合并依存的，符合人的思想指导行动的逻辑。

传统劳动教育主要侧重教授学生与劳动有关的知识、技能、方法等，而忽视劳动价值观、劳动精神、劳动思维等更深层次素养的培养，容易导致"有劳动无教育"的现象，难以使学生养成终身热爱劳动、尊重劳动的良好品质。新时代劳动教育则突破传统劳动教育局限，着眼于学生的全面发展，以培养学生劳动素养为核心，对"劳动精神面貌、劳动价值取向和劳动技能水平"进行全面建构。

（五）体现社会主义办学方向

马克思主义认为，劳动创造了世界，劳动创造了历史，劳动创造了人本身。习近平新时代中国特色社会主义劳动思想是社会主义教育的重要内容，是我国教育体系不可缺少的一部分，是学校教育教学工作的重要一环。针对当前一些青少年不珍惜劳动成果、不想劳动、不会劳动，劳动教育正在被软化、弱化的现象，《关于全面加强新时代大中小学劳动教育的意见》明确了劳动教育的定位，指出"劳动教育是中国特色社会主义教育制度的重要内容"，要"以习近平新时代中国特色社会主义思想为指导"，引导学生理解和形成马克思主义劳动观。

📖 拓展阅读

习近平新时代劳动观

广大人民群众坚持爱国奉献，无怨无悔，让我感到千千万万普通人最伟大，同时让我感到幸福都是奋斗出来的。

上下同欲者胜。只要我们13亿多人民和衷共济，只要我们党永远同人民站在一起，大家撸起袖子加油干，我们就一定能够走好我们这一代人的长征路。

梦想属于每一个人，广大劳动群众要敢干敢想、敢于追梦。说到底，实现中华民族伟大复兴的中国梦，要靠各行业人民群众的辛勤劳动。

人类是劳动创造的，社会是劳动创造的。劳动没有高低贵贱之分，任何一份职业都很光荣。

劳动是人类的本质活动，劳动光荣、创造伟大是对人类文明进步规律的重要诠释。

中华民族是勤于劳动、善于创造的民族。正是因为劳动创造，我们拥有了历史的辉煌；也正是因为劳动创造，我们拥有了今天的成就。

劳动是一切成功的必经之路。当前，全国各族人民正满怀信心为实现"两个一百年"奋斗目标而努力。实现我们确立的奋斗目标，归根到底要靠辛勤劳动、诚实劳动、科学劳动。

人民创造历史，劳动开创未来。劳动是推动人类社会进步的根本力量。

实现我们的奋斗目标，开创我们的美好未来，必须紧紧依靠人民、始终为了人民，必须依靠辛勤劳动、诚实劳动、创造性劳动。

劳动是财富的源泉，也是幸福的源泉。人世间的美好梦想，只有通过诚实劳动才能实现；发展中的各种难题，只有通过诚实劳动才能破解；生命里的一切辉煌，只有通过诚实劳动才能铸就。

⬑ 课程实践

采用观看视频宣传片、事迹宣讲、实地调查采访等方式，了解新冠疫情一线医护工作者的抗疫经历，感悟医务工作者冒着生命危险，克服重重困难，奋战在抗疫战役一线，为我们筑起卫生安全防护墙的感人事迹。

思考题

1. 什么是劳动？劳动有什么基本特征？

2. 劳动的作用是什么？

3. 为什么要开展劳动教育？

4. 新时代中国特色社会主义劳动思想有哪些内容？

5. 结合现实生活，说说应如何培养新时代劳动价值观？

第二章　劳动精神

⬎ **学习目标**

1. 了解劳动精神的概念与内容。
2. 熟悉劳动精神的时代内涵。
3. 掌握弘扬和践行劳动精神的方法。

课程导入

　　有人曾提出疑问，智能化时代加速到来，还有必要提倡劳动教育吗？其实，劳动教育对人生的成长来说，不仅意味着劳动技能的提升，更意味着劳动精神的培育。从农耕社会"耕读传家久"的传统到现实社会"劳动创造幸福"的箴言，时代在变，但劳动的精神内核始终未变。路遥在《平凡的世界》一书中描述，劳动是人生的第一堂课。只有劳动，才可能使人在生活中强大。今天，大力提倡劳动教育，就是要让青少年在动手实践、出力流汗中播撒崇尚劳动的种子，在接受锻炼、磨练意志中涵养艰苦奋斗的精神，真正理解人间万事出艰辛。

想一想

　　劳动精神是否过时了？

第一节　劳动精神的内涵

　　劳动精神是全体劳动者共同的精神财富。劳动精神是对广大劳动者劳动实践的高度肯定与科学总结，是人类为了自身的幸福而不懈努力奋斗的实践结晶。"劳动创造了人本身""劳动是唯一的价值源泉""劳动创造财富，劳动使人幸福"等积淀成为劳动者的精神力量。正是一代代劳动者的共同努力，创造了辉煌的人类历史，书写了地球家园的绚烂篇章。

　　劳动精神是每位劳动者为创造美好生活而在劳动过程中秉持的劳动态度、劳动理念及其展现出的劳动精神风貌。党的十八大以来，习近平总书记关于劳动和劳动精神的系列重要讲话是我们正确理解劳动精神的重要依据，也是大力弘扬劳动精神的重要参考。

　　习近平在 2019 年新春贺词中，满怀深情地说到："快递小哥、环卫工人、出租车司机以及千千万万的劳动者，还在辛勤工作，我们要感谢这些美好生活的创造者、守护者。大家辛苦了。"让人民生活更加幸福美满，让人生出彩的舞台更宽广、实现梦想的道路更通畅，劳动，就是最朴素的方法论。

　　习近平总书记强调："必须坚持崇尚劳动、造福劳动者。劳动是财富的源泉，也是幸福的源泉。人世间的美好梦想，只有通过诚实劳动才能实现；发展中的各种难题，只有通过诚实劳动才能破解；生命里的一切辉煌，只有通过诚实劳动才能铸就。劳动创造了中华民族，造就了中华民族的辉煌历史，也必将创造出中华民族的光明未来。'一勤天下无难事'必须牢固树立劳动最光荣、劳动最崇高、劳动最伟大、劳动最美丽的观念，让全体人民进一步焕发劳动热情、释放创造潜能，通过劳动创造更加美好的生活。全社会都要贯彻尊重劳动、尊重知识、尊重人才、尊重创造的重大方针，维护劳动者的利益，保障劳动者的权利。要坚持社会公平正义，排除阻碍劳动者参与发展、分享发展成果的障碍，努力让劳动者实现体面劳动、全面发展。全社会都要热爱劳动，以辛勤劳动为荣，以好逸恶劳为耻。"

习近平总书记关于劳动和劳动精神的思想为我们正确认识劳动精神的科学内涵指明了方向。他强调："我们要在全社会大力弘扬劳动精神，提倡通过诚实劳动来实现人生的梦想、改变自己的命运，反对一切不劳而获、投机取巧、贪图享乐的思想。"

📖 拓展阅读

劳动精神的时代性

一个时代有一个时代的劳动者，一个时代有一个时代的劳动精神，不同时代有着不同的劳动精神，彰显着不同时代劳动者的精神力量。

1. 铁人精神

20世纪五六十年代，"宁可少活20年，拼命也要拿下大油田""有条件要上，没条件也要上"，"铁人"王进喜带领工人克服万难，创造了我国石油工业发展的奇迹。

铁人精神——"爱国创业我最认真，求实奉献我最根本！"是铁人精神的核心价值。

"铁人精神"是一面旗帜，凝聚着工人阶级的朴素情感。多年来，我国工人阶级始终站在时代发展的前列，各行各业涌现出一大批品德高尚、贡献突出的先进模范，用自己的实际行动展现了顽强拼搏、自强不息的崇高品格和与时俱进、开拓创新的时代风貌，用爱岗敬业、争创一流、艰苦奋斗、勇于创新、淡泊名利、甘于奉献的伟大劳模精神激励着广大职工的工作热情。

"铁人精神"是一种力量，凸显了一种坚忍不拔创业的勇气。"有条件要上，没有条件创造条件也要上"。"铁人"曾经是一个时代的符号，但之所以能激励和鼓舞了几代人，在祖国建设和民族复兴的伟大事业中，敢为天下先、敢为攻克难关的勇气和伟大志向，是因为它给予人们的是一种力量，这种力量来自于对事业的执著追求、来自于对祖国的深切热爱。

"铁人精神"是一种标志，凝缩着一个民族不畏困难的民族气概。几十年来，无数中华儿女以"铁人"为榜样，在祖国的建设大业上，兢兢业业，无私奉献，创造了许多令世人震惊的奇迹，为祖国争得了荣誉。所以，"铁人精神"，它不仅仅是一个时代的影子，它凝缩了一个民族、一个国家的精神风貌，它凸显了中华民族不懈拼搏、创造未来的民族气概。

2. 科研精神

中华人民共和国成立后，大批海外学子怀着殷殷报国心，克服重重困难，回到了当时一穷二白的祖国，投入中华人民共和国的建设中。到1957年，归国的海外学者已经达到3000多人，占中华人民共和国成立前全部海外留学生和学者的一半以上。他们中大多数人成为中华人民共和国各个领域科学技术发展的奠基人或开拓者，在那个激情燃烧的年代，带领着全国科研人员在极为困难的条件下自力更生、艰苦奋斗，创造了一系列举世瞩目的科技奇迹，更给后人留下宝贵的精神财富。20世纪七八十年代，"知识就是力量，时间就是生命"，陈景润等一大批科学家与时间赛跑，大大提升了我国的科研水平。

这一时期在集中力量办大事的举国体制下，迅速涌现出了一批追赶世界水平的重大科技成果。1958年，我国第一台电子管计算机试制成功。随后，半导体三极管、二极管相继研制成功；1959年，李四光等人提出"陆相生油"理论，打破了西方学者的"中国贫油"说；1960年，王淦昌等人发现反西格玛负超子；1964年，第一颗原子弹装置爆炸成功，第一枚自行设计制造的运载火箭发射成功；1970年，"东方红一号"人造地球卫星发射成功；70年代初期，陈景润证明了哥德巴赫猜想中的"1+2"……这些在极为困难的条件下取得的重要成就在我国科学发展的历史上写下了浓墨重彩的一笔。

3. 企业家精神

企业家的辛苦劳动对经济社会发展具有很大推动作用。要大力弘扬企业家精神，在爱国情怀、勇于创新、诚信守法、社会责任与国际视野方面锻造企业家队伍，才能激发市场活力，为经济发展注入强大正能量，推动我国经济实现更大更好的发展。

爱国情怀指优秀企业家必须对国家、对民族怀有崇高使命感和强烈责任感，把企业发展同国家繁荣、民族兴盛、人民幸福紧密结合在一起，才能把事业做大、把企业做强。从历史上看，爱国是近代我国优秀企业家的光荣传统，许多优秀企业家的骨子里流淌着爱国的血脉，行为中彰显出深厚的爱国情感。例如著名爱国华侨陈嘉庚，他一生爱国爱乡、倾资兴学、服务社会，抗战时期，他动员南洋华侨踊跃捐款，为祖国的抗战作出了巨大的贡献，毛泽东为其题词"华侨领袖，民族光辉"。

勇于创新是企业家的本质特征和重要品质，是企业家的灵魂。没有企业家的勇于创新，企业就不能打破僵化、过时的东西，开创企业乃至社会生产和生活方式的新局面；没有企业家的勇于创新，既不可能形成企业的核心竞争力，也不可能产生企业高效率的组织形式、管理方法和先进制度，更不能产生新的市场机会。当前的经济转型、经济全球化和高新技术产业化更突出了中国企业家创新精神的重要性。

诚信守法是市场经济的基本信条，也是市场经济的通行证。社会主义市场经济是信用经济、法治经济，只有诚信守法，注重声誉的企业，才能在激烈的市场竞争中获得最大的利益，行稳致远做大做强事业。企业家要坚定理想信念，做诚信守法经营的践行者，规范自身行为，靠信用赢机会，提高法律意识，涵养契约精神，增强守约观念，努力成为诚信守法的表率。

社会责任要求企业担负起社会责任，包括公共责任、道德行为和公益支持三大类。只有真诚回报社会，切实履行社会责任的企业家，才能真正得到社会认可，才是符合时代要求的企业家。比如阿里巴巴的创始人马云就是一个充满社会责任感的人。2010 年，马云在阿里巴巴股东大会上说："我们阿里人对很多问题的看法不一样，我们一直以来考核员工是以'解决十价值观'，今年我们增加了一个考核的目标，那就是社会公益。……整个阿里巴巴将全力专注在水的保护和树。"马云已经把回报社会定为阿里巴巴的使命，阿里巴巴不会是只顾赚钱的企业，它的使命是回报社会，现在的阿里人已经将回报社会、承担社会责任融入日常工作中了。

国际视野是世界经济全球化对企业家的要求，社会越来越开放，市场越来越国际化，企业家要成长、壮大，就要拓展国际视野，必须到国际市场上去锻炼，在大风大浪中经风雨、见世面、长见识。在全面深化改革、推动经济高质量发展的今天，适应新的国际市场环境，企业家要立足中国、放眼世界，提高把握国际市场动向和需求特点的能力、提高把握国际规则的能力、提高国际市场开拓能力、提高防范国际市场风险能力，带动企业在更高水平的对外开放中实现更好发展。

第二节　劳动精神的时代价值

一、实现中华民族伟大复兴中国梦的需要

党的十八大落幕不久，习近平总书记在 2012 年 11 月 29 日参观《复兴之路》展览时首次提出"中国梦"。此后，"中国梦"成为习近平总书记系列重要讲话中的重要内容。建设社会主义现代化强国是新时代的中国梦。但是，要建设社会主义现代化强国，离不开全国人民的共同努力，更离不开劳模精神、劳动精神、工匠精神对广大职工群众积极性、主动性和创造性的激发和引领。为此，习近平总书记特别强调"梦想属于每一个人，广大劳动群众要敢想敢干、敢于追梦。说到底，实现中华民族伟大复兴的中国梦，要靠各行各业人们的辛勤劳动。"2018 年 12 月召开的庆祝改革开放 40 周年大会授予的 100 名"改革先锋"，就是我国亿万劳动者的杰出代表。他们中不仅有优秀的科学家、优秀的企业家，更有优秀的工人代表，譬如巨晓林、郭明义、许振超，等等。这些"改革先锋"尤其其中的工人代表是实现中华民族伟大复兴中国梦的"脊梁"。他们身上体现的劳模精神、劳动精神、工匠精神为实现中华民族伟大复兴的中国梦提供无穷的精神动力。

二、增强我国社会主义文化自信的需要

党的十九大报告提出"四个自信"即道路自信、理论自信、制度自信、文化自信。可见，文化自信对于实现中华民族伟大复兴的中国梦乃至建设社会主义现代化强国都有着至关重要的作用。中国劳动关系学院的王永玺教授曾指出，在人类文明史上，有三分之二以上的时间，中国文明都是世界第一，这其中最重要的原因就是我们的文化鼻祖留给我们的文化智慧，后来中国落后的原因之一就是我们把老祖宗的文化智慧给"丢"了！而劳模精神、劳动精神、工匠精神既内含中华优秀传统文化的精髓，又体现了中国特色社会主义先进文化的重要内容，是文化自信的具体表现。

⟱ 知识链接

习近平总书记在党的十九大报告中强调："文化是一个国家、一个民族的灵魂。文化兴国运兴，文化强民族强。没有高度的文化自信，没有文化的繁荣兴盛，就没有中华民族伟大复兴。要坚持中国特色社会主义文化发展道路，激发全民族文化创新创造活力，建设社会主义文化强国。""深入挖掘中华优秀传统文化蕴含的思想观念、人文精神、道德规范，结合时代要求继承创新，让中华文化展现出永久魅力和时代风采。"

三、提升我国产业工人队伍整体素质的需要

目前，我国已经成为世界第二大经济体，在美国《财富》杂志评出的 2019 年世界 500 强名单中，我国的企业数量达到了 129 家，历史上首次超过美国位居世界第一。但是，我国企业存在的问题是大而不强。在一些核心技术和产品上我国企业与发达国家还有一定差距。大国工匠高凤林认为，"人的质量决定产品的质量，人品决定产品。"从表面看，我国企业的技术和产品缺乏全球竞争力，实际上是我国产业工人队伍的整体素质缺乏全球竞争力。为此，中共中央、国务院联合下发了《新时期产业工人队伍建设改革方案》，并提出"造就一支有理想守信念、懂技术会创新、敢担当讲奉献的宏大的产业工人队伍"的目标以及"大力弘扬劳模精神、劳动精神、工匠精神"等具体措施。有知识不一定有文化，但有文化一定有知识。因为，文化除了包括知识，还有理想、信念、习惯等更加丰富的内涵。知识教人做事，文化教人做人，做事先做人。《新时期产业工人队伍建设改革方案》提出"有理想守信念、敢担当讲奉献"的目标就是有文化的要求。我国不缺少"知识人"，大学本科毕业生甚至研究生的数量与日俱增。但是，我国更需要能把民族振兴和国家强大作为自己理想追求和责任担当的"文化人"。而拥有劳模精神、劳动精神、工匠精神则是高素质产业工人队伍的本质特征之一。

第三节　弘扬新时代劳动精神

　　2018 年 9 月 10 日，习近平总书记在全国教育大会上提出"要在学生中弘扬劳动精神，教育引导学生崇尚劳动、尊重劳动，懂得劳动最光荣、劳动最崇高、劳动最伟大、劳动最美丽的道理，长大后能够辛勤劳动、诚实劳动、创造性劳动"。

一、崇尚劳动

　　罗曼·罗兰说："生活中最沉重的负担，不是工作，而是无聊。"对个人而言，劳动是生存的理由；对家庭而言，劳动是改善生活的手段；对国家而言，劳动是推动社会发展进步的力量。劳动因岗位不同而彰显不同意义，对农民而言，劳动是种出更多的庄稼；对工人而言，劳动是生产更多合格的产品；对科学家而言，劳动是研究更尖端的科技；对军人而言，劳动是提升部队战斗力的保证。习近平指出："无论时代条件如何变化，我们始终都要崇尚劳动、尊重劳动者，始终重视发挥工人阶级和广大劳动群众的主力军作用。"今天，我们所拥有的一切，都凝聚着劳动者的聪明才智，浸透着劳动者的辛勤汗水，蕴含着劳动者的默默付出和无私奉献。只有正确认识劳动的价值、理解劳动的意义，我们才能更好地尊重劳动、崇尚劳动、热爱劳动，并付诸实践，创造美好生活。

📖 拓展阅读

人因劳动而美丽

　　沧海变桑田，沙漠变绿洲。城市一栋栋高楼拔地而起，农村一个个美丽乡村破土而出，一条条铁路纵横南北东西，一批批科技成果亮相国际。从北部边陲到南疆大地，从西部高原到东海之滨，改革的成就竞相涌现，发展的成果灿烂夺目。这一切都源自于劳动，劳动推动发展和进步，劳动铸造文明和幸福。人是宇宙的精华、万物的灵长，人因劳动而生存，人因劳而发展，人因动而美丽。

　　劳动是人类的本质活动。"断竹，续竹。飞土，逐肉。"8 字最朴素的诗篇，是我们中华民族最早的劳动画卷；妇孺皆知的二十四节气歌，是历朝历代劳动者广为传唱的劳动赞歌。我们中华民族的历史，从某种意义上说，就是一部绵延不断的劳动史。无论经济社会怎样发展，劳动都是创造财富的重要源泉，劳动美都无法被抹杀。曾几何时，有少数社会成员，"啃老"不知耻，拜金不知羞，有的坐吃山空，就是不肯去劳动。在他们眼里，炫富是荣耀，不劳而获是能耐，辛苦劳动是无能，诚实劳动是卑贱。这种丑陋的人生观，败坏了社会风气。社会良知认为，依法劳动获取回报的劳动者，与邪门歪道窃取财富的巨富相比，前者光明正大，后者卑污恶劣。每个劳动者，是在用一双勤劳智慧的双手去干，干出了劳动美。而那种好逸恶劳、坐享其成的行径，只能自画丑态，必然受到人民的唾弃。劳动神圣，但并不神秘。钢花飞溅是劳动，敲击键盘是劳动，三尺讲台授课是劳动，戍守边疆是劳动，种稻农民是劳动者，稻种专家袁隆平也是劳动者。总之，一切复杂劳动、简单劳动都是劳动，躬身劳动，就在定格美丽。

二、辛勤劳动

回望我们国家走过的历程，从站起来、富起来到强起来，无论多么大的辉煌，背后都是劳动者的艰辛付出。正是在筚路蓝缕、胼手胝足与挥汗如雨的劳作中，我们托起了一个充满活力的现代中国。而要实现中华民族伟大复兴中国梦的宏大愿景，同样需要艰苦奋斗、不懈努力。

"中国梦，劳动美"。在抗击新冠肺炎疫情斗争中，无数劳动者携手同心，汇聚成抗击疫情的强大合力。10天左右时间建成火神山医院、雷神山医院，而这背后是4万多名建设者的日夜奋战；医护人员白衣执甲、逆行出征，哪怕脸颊被口罩勒出印痕、双手被汗水浸到泛白，也要跑赢时间"从病毒手里抢回更多病人"；提前复工为前方提供抗疫物资，快递小哥"我多跑跑腿，大家就可以减少出门的风险"；社区工作者挨家挨户排查、守住社区防控阵地；等等。

📖 拓展阅读

社会主义制度的建立给我们开辟了一条到达理想境界的道路，而理想境界的实现还要靠我们的辛勤劳动。

——毛泽东

知识是从刻苦劳动中得来的，任何成就都是刻苦劳动的结果。

——宋庆龄

愉快只是幸福的伴随现象，愉快如果不伴随以劳动，那么它不仅会迅速地失去其价值，而且也会迅速地使人们的心灵堕落下来。

——乌申斯基

在人的生活中最主要的是劳动训练，没有劳动就不可能有正常的人的生活。

——卢梭

劳动永远是人类生活的基础，是创造人类文化幸福的基础。

——马卡连柯

在重视劳动和尊重劳动者的基础上，我们有可能来创造自己的新的道德。劳动和科学是世界上最伟大的两种力量。

——高尔基

三、诚实劳动

诚实劳动是指在各种法规、各项政策允许的范围内所从事的各种有益于社会发展的体力和脑力劳动。如从事工农业生产、商业服务、科研和文教卫生工作，以及社会咨询、信息传播等。同时，诚实劳动又是指劳动者以主人翁的态度对待劳动的一种道德规范。它具体表现为：每一个有劳动能力的人都应该把为社会而劳动看作自己应尽的职责和神圣的义务，尽己所能地从事劳动；在劳动中发扬首创精神，不墨守成规，不满足现状，善于吸收各时代、各民族、各国的好东西，敢于在前人、他人成果的基础上努力学习，掌握最新的科学技术，使用最先进的科技装备。由此可见，诚实劳动是以合法劳动为基础的辛勤劳动、智慧型的劳动。它既是劳动者品质的体现，又是创造美好生活的必由之路。

"民生在勤，勤则不匮。"汗水与付出，诠释着最朴素的民族精神。正如习近平总书记所说："人世间的美好梦想，只有通过诚实劳动才能实现；发展中的各种难题，只有通过诚实劳动才能破解；生命里的一切辉煌，只有通过诚实劳动才能铸就。"

📖 拓展阅读

不容否认，时下社会上对"诚实劳动"的认识是偏离了其本义的，相当一部分人将"诚实劳动"视为"无能"的代名词，反而把投机取巧、耍奸偷懒视为有本事。改革开放以来，社会上也确实有少数人通过投机取巧的办法，甚至是一些不合法的手段积聚了一些财富。而这种收入水平的差异又导致了劳动者身份认同发生了变化，社会阶层出现了分化。

此外，金钱至上、藐视劳动的观念也时有显现，不少人都寄希望于"巧取豪夺而一夜暴富"的神话出现。一些资本雄厚者更是"钻漏洞"、投机钻营，迅速积敛起巨额的财富，并且处处享受着荣耀；而许多诚实经营、勤奋工作的普通劳动者的收入却增长缓慢，甚至严重偏离了其劳动的应有价值，得不到应有的尊重。这种"倒挂"让许多人开始怀疑诚实劳动的价值。正因为此，社会上"染色馒头""瘦肉精""牛肉膏"等危害消费者的事件屡屡发生，屡禁不止。究其本质，还是全社会缺乏"诚实劳动"的信仰和社会氛围所致。

📖 探究与交流

"地沟油""瘦肉精"的出现，表明现代社会的劳动者是否缺乏诚实劳动的精神呢？

四、创造性劳动

创造性劳动即创新劳动，是指将劳动和创新联系在一起，结合在一起。创造性劳动是时代特点的反映，也是建设创新型国家、实现中国梦的必要措施。对创造性劳动及其相关范畴的深刻认识，不仅可以提高我们建设创新型国家的自觉性，还可以提高我们认识社会发展的能力。

创造性劳动的表现形式是技术、知识、思维的革新。一个社会，只有营造起创造性劳动光荣的良好风气，才能实现体面劳动的愉悦，才能实现社会财富的不断增长。一些劳动形式和内容的进步与变化，表明了创造性劳动在时代发展中的进步价值。社会在发展，劳动方式在变，创造性劳动所体现出的社会价值及内涵会更加深刻。

创造性劳动使我们在体力劳动中运用智慧的力量，实现"内在思"和"外在做"的统一，从而体验到劳动的幸福。当代人们的劳动价值观已经从"劳动光荣"转向"劳动幸福"，即从"通过劳动成果从外部获得的一种赞誉"转向"从自身的劳动成果之中获得一种本质力量的确证和肯定"。因此，劳动活动的展开不能只停留在简单的体力劳动，而是需要开发具有挑战性，能够将我们的体力和脑力方面的潜能展现出来的创造性劳动。

知识贴士

习近平总书记关于崇尚劳动、辛勤劳动、诚实劳动、创造性劳动的阐述重视劳动价值、树立鲜明的劳动价值观，是习近平新时代中国特色社会主义思想的突出亮点。

劳动成就伟业——"中国的伟大发展成就是中国人民用自己的双手创造的，是一代又一代中国人接力奋斗创造的"。

劳动创造美好生活——"人生在勤，勤则不匮。幸福不会从天降，美好生活靠劳动创造"。

劳动实现梦想——"全面建成小康社会，进而实现中华民族伟大复兴的中国梦，必须依靠知识，必须依靠劳动，必须依靠广大青年"。

把劳动教育纳入教育方针，实施以劳育人——"要在学生中弘扬劳动精神，教育引导学生崇尚劳动、尊重劳动，懂得劳动最光荣、劳动最崇高、劳动最伟大、劳动最美丽的道理，长大后能够辛勤劳动、诚实劳动、创造性劳动"，为实现"两个一百年"奋斗目标和中华民族伟大复兴中国梦"培养德智体美劳全面发展的社会主义建设者和接班人"。

📖 榜样力量

北斗团队：每颗螺丝钉都是我们自己的

2020 年 6 月 23 日 9 时 43 分，西昌卫星发射中心长征三号乙运载火箭喷薄着烈焰拔地而起！北斗第 55 颗也是组网的最后一颗卫星，发射成功！

55 颗北斗卫星环绕琼宇正式宣告中国第一"巨星天团"：北斗三号全球卫星导航系统星座部署宣告全面完成。

然而，很多人可能不知道，55 颗北斗"出道"的背后，还有一个中国当之无愧的"天团"级别的队伍！"北斗"这支以 80 后、90 后为主力的团队，平均年龄才只有 31 岁，为打造北斗系统已经整整奋斗了 26 年。

现在，让我们回首 26 年北斗来时路，认识下"北斗天团"里，曾经的年轻人和现在的年轻人！

时间回到 30 年前，1990 年 8 月，就在美国的 GPS 系统第 8 颗卫星发射升空的当天，"海湾战争"爆发。尽管还未"发育"成熟，但美国军方果断地提前将 GPS 投入使用。令人惊讶的是，并不成熟的 GPS 显示出强大的威力，以美国为首的联军精确打击伊拉克，伊拉克军队甚至找不到对手在哪里！

GPS 一出手就震惊世界！没有自己的卫星导航，等于把国防拱手送给别人。中国也愈发认识到这个系统如果使用别人的，无异于高楼大厦建在了别人的地基上。

建设中国人自己的定位导航系统迫在眉睫！1994 年，中国制定"九五"规划时，定位导航系统"北斗"进入国家视野。

1995 年，北斗导航工程立项启动不久，一个不速之客——信号"快捕精跟"问题跳了出来，严严实实地堵住了北斗一号的工程进展。能否实现对信号的"快捕精跟"将成为决定北斗一号整体性能甚至左右整个工程进展的关键。就在所有人都一筹莫展的时候，三位博士还未毕业的 20 多岁小伙子——王飞雪、雍少为和欧钢竟拿出了一套"全数字化"方案！

这三个小伙子从北京抱回一台比较先进的计算机，拿了 4 万元的尝试经费，开始了艰难的攻关历程。他们把一个不到 10 平方米的仓库简单收拾一下当作实验室。

没有仪器设备，就东挪西凑找人借，在极为艰难的条件下，他们的仿真试验取得了理想效果！

"快捕精跟"关键技术立项后，王飞雪和同伴们每天工作二十个小时左右。他们饿了就泡包方便面，累得眼皮子都撑不开时就泡上一杯浓咖啡提提神，直到实在坚持不住时才打开行军床……

这一熬就是整整三年。1998 年 5 月，他们终于迎来苦尽甘来的日子，测试得到的第一批"快捕精跟"数据，效果远远超出了大家的期望值。

解决了核心技术问题，2000 年，两颗北斗导航试验卫星被送上太空。2003 年，第三颗卫星送入太空后，中国成为世界上第三个建立卫星导航系统的国家。

如果说进行"双星"定位的北斗一号是中国对定位导航卫星系统的探索，那么北斗二号的研发就是中国逐步打破美国 GPS 和俄罗斯 GLONASS 系统垄断地位的利器！

2003 年欧盟邀请中国共同研发伽利略卫星导航系统。然而，中国支付了 2.3 亿欧元的"加盟费"却根本无法接触"伽利略"的核心技术。最令人气愤的是欧洲人傲慢地认为，中国不可能造出自己的卫星导航系统。这也让我们愈发清醒地认识到，"北斗"导航系统是国之重器，必须靠自己，必须牢牢掌握在自己手中！

可是北斗二号系统的开发比北斗一号更难。2005 年，当时正在建设的北斗二号系统的"原子钟"突遇问题。原子钟是导航卫星的心脏，如果原子钟有 1 秒误差，就意味着卫星定位会偏离30万公里！没有原子钟不行，精度差了更不行！

技术的突然封锁，给北斗团队当头一棒！核心关键技术必须要突破，不能受制于人。当时北斗人有这样一句话："六七十年代有原子弹，我们北斗人一定要有自己的原子钟"。

为了加快原子钟的研制进度，北斗一下成立了三支队伍同时开展研发。当时，只有20多岁的李春景，成为原子钟研发团队的骨干。

李春景带领着年轻的团队，通过大量的分析和计算，无数的试验分析和验证，终于在2007年4月，让这一颗"中国心"原子钟，伴随我国首颗北斗二号试验卫星成功发射上天。

外国人惊叹中国科研的神奇速度，但北斗人心里最清楚，这种能力是被逼出来的，是靠着不服输的骨气、玩命干的勇气拼下来的。

现在，用在北斗三号上的原子钟，其精度已提升到每300万年才会出现1秒误差。

2009年，北斗三号工程正式启动建设，加快北斗系统尽早服务全球，造福全人类。

可问题来了，欧美等西方国家并不希望中国有自己的定位导航系统，中国的地面站，在境外很难建立。

这时，北斗团队年轻的80后们站了出来，不让我们在境外建？我们还就真不在境外建了！我们有更大胆的想法：星间链路！

星间链路就是让卫星与卫星之间建立起稳定的链接，将遍布全球的卫星编织成一张网，只要有一颗卫星在中国的领空，所有卫星便能通过它联系到国内地面站。

星间链路技术对北斗能否成功全球组网至关重要，在方案确立的关键阶段，当时只有29岁的康成斌大胆提出了某关键技术的验证方案。

然而，要在太空七万公里之间两颗卫星实现建链、通信功能、测距精度达到厘米量级，这个难度可想而知。

只有29岁的康成斌，提出了一个要求：做一颗模拟的卫星去进行测试验证。

令他非常惊喜的是，领导不仅同意建造了这颗模拟卫星，更给了他全方位的政策支持，让这支青年科研团队放手去干，历时五年攻关，北斗卫星全球组网的关键技术取得关键突破。

最终，星间链路技术让北斗三号"太空兄弟手拉手"，不仅解决了没有地面站的问题，还将定位精度提升到了7万公里测距精度达到厘米级！相当于能看清几十公里外的一根头发丝！测量精度甚至高于GPS！

运行星间链路的卫星CPU，用的是我国自主研发创造的"龙芯"！这宣告我们把外国人的芯片当成自己卫星"大脑"的时代已经结束了。

30万人，接力奋斗26年，今天，他们的梦想终于实现了，55颗北斗星耀全球！

↘ 课程实践

【活动名称】 致敬劳动者主题摄影展览

【活动目的】 体悟劳动之苦，感悟劳动精神。

发现身边劳动者，记录下他们的劳动场景，在班级开展"致敬劳动者"主题摄影展览。

思考题

1. 什么是劳动精神？

2. 新时代为什么要弘扬劳动精神？

3. 新时代劳动精神有什么时代特色？

4. 弘扬和践行劳动精神有什么途径？

第三章 劳模精神

↘ **学习目标**

1. 了解劳模与劳模精神的内涵。
2. 了解劳模精神的时代特色和当代价值。
3. 掌握践行劳模精神的途径。

🖥 课程导入

潍柴动力股份有限公司一号工厂首席技师王树军，从"小王"到"王师傅"再到"王工匠"，用数十年修炼内功，在很多专业领域打破了国外技术封锁、填补了国内空白；中建七局总承包公司砌筑工人许纪平，立志要在建筑工地学一门手艺，从砌一般墙体的工匠变成了能砌各种造型的多面手，每天的砌砖量高达4000多块；中国航天科技集团的工程师崔蕴，从一名普通的火箭装配工成长为国家级技能大师……劳动是一切成功的"地基"，"爱岗敬业、争创一流，艰苦奋斗、勇于创新，淡泊名利、甘于奉献"的劳模精神，穿透岁月历久弥新，为广大劳动者树立了价值坐标。

　　劳动模范被大家广为称赞，是因为他们在平凡的岗位上做出了不平凡的成绩，他们坚持的理想信念、价值追求、人生境界和展现出的精神风貌，就是劳模精神。

第一节　劳模精神的内涵

　　劳模是劳动模范的简称。"劳"表示劳动，这是劳模的基本前提。"模"体现了一种示范和楷模的价值导向，一种可敬的榜样作用。"劳模"是人民授予生产建设中先进人物的一种崇高称号，以表彰劳动中有显著成绩或重大贡献，可以作为榜样的人。

📖 拓展阅读

领导人对劳模的论述

毛泽东

1945年1月10日，提出劳模的三个作用，即带着作用、骨干作用和桥梁作用。1950年9月25日，在全国战斗英雄和工农兵劳动模范上称赞英雄模范是"是全中华民族的模范人物，是推动各方面人民事业胜利前进的骨干，是人民政府的可靠支柱和人民政府联系广大群众的桥梁"。

邓小平

1978年10月11日，既肯定劳动模范是至今还是我们学习的榜样和团结的核心；任何人对四个现代化贡献得越多，国家和社会给他的荣誉和奖励就越多，这是理所当然的。

江泽民

2000 年 4 月 29 日，在全国劳动模范和先进工作者表彰大会上，江泽民赞扬："全国劳动模范和先进工作者是亿万劳动群众的杰出代表，他们对祖国和人民无限忠诚，爱岗敬业，勇于创新，无私奉献，严于律己，弘扬正气，在平凡的岗位上做出了不平凡的业绩，是建设社会主义物质文明和精神文明的先锋。"

胡锦涛

2010 年 4 月 27 日，在 2010 年全国劳动模范和先进工作者表彰大会上，胡锦涛强调："我们一定要在全社会大力弘扬劳模精神，用劳模的先进事迹感召人民群众，用劳模的优秀品质引领社会风尚，充分发挥劳模的骨干和带头作用，在全社会进一步形成崇尚劳模、学习劳模、争当劳模、关爱劳模的良好氛围。"

习近平

2016 年 4 月 26 日，习近平在知识分子、劳动模范、青年代表座谈会上指出："劳动模范身上体现的'爱岗敬业、争创一流，艰苦奋斗、勇于创新，淡泊名利、甘于奉献'的劳模精神，是伟大时代精神的生动体现。我们要在全社会大力宣传劳动模范的先进事迹，号召全社会向他们学习、向他们致敬。"

劳模精神是指劳模在平凡岗位上做出不平凡业绩所坚持坚守坚定的基本信念、价值追求、人生境界以及展现出的整体精神风貌。劳模精神是劳动群体先进性的集中体现和高度浓缩，是植根于中国大地、反映中国劳动者意愿、适应中国时代发展要求的精神品格。劳模精神是引领中华民族时代发展的先进的、科学的、文明的思想道德和价值取向。劳模精神是一种人文精神，代表的是一个时代的价值观、道德观，展示的是中华民族顽强拼搏、自强不息的崇高品格，体现的是中华民族与时俱进、开拓创新的精神风貌。

一、劳模精神是工人阶级先进性的集中体现

在中国革命、建设、改革的各个历史时期，我国的工人阶级都具有走在前列、勇挑重担的光荣传统，我国的工人运动从来都同党的中心任务紧密联系在一起。劳动模范作为工人阶级的优秀代表，是时代的引领者，在工作生活中发挥了先锋和排头兵作用，他们以辛勤劳动、诚实劳动和创造性劳动持续推动着社会进步、国家发展与民族复兴。劳模精神作为劳动模范的思想内核、行动指南和精神灯塔，成为推动时代前进的强大精神动力，充分体现了工人阶级先进性的主体地位，彰显了工人阶级的伟大品格，推动了工人阶级的成长进步。

二、劳模精神是社会主义核心价值观和时代精神的生动诠释

劳模精神的重要元素和构成因子，如岗位意识、职业精神、拼搏精神、创新精神、家国情怀和奉献精神等，是对社会主义核心价值观的生动诠释和现实呈现。同时，劳模精神也引领时代新风的精神高地，生动体现了时代精神的精神实质、主要特征和重要内容。

三、劳模精神是培育时代新人的重要途径

劳模精神作为社会主义核心价值观的生动体现，更便于人们理解、接受、模仿，对培育时代新人起到重要推动作用，能够激发广大劳动者干事创业的积极性、主动性和创造性。劳模精神继承并发展了中华民族优秀的劳动观念，树立并彰显了一种辛勤劳动、诚实劳动、创造性劳动的新理念，营造并弘扬了一种劳动光荣技能宝贵、创造伟大的时代风尚，生成并传播了一种劳动者至上、劳动者平等、劳动者可敬、劳动最光荣、劳动最崇高、劳动最伟大、劳动最美丽的劳动观。

四、劳模精神是中国特色社会主义文化的重要组成部分

劳模精神植根于中华民族劳动过程，特别是中国特色社会主义伟大实践中，充分继承并发展了中华优秀传统文化和社会主义先进文化。弘扬和践行劳模精神，有助于坚定文化自信、推动社会主义文化繁荣兴盛，有助于牢牢把握意识形态工作领导权，有助于培育和践行社会主义核心价值观，有助于加强道德建设，有助于促进中国特色社会主义文化繁荣发展。

📖 榜样力量

杨轶：能拼善谋的"试验先锋"

10月底蒙古自治州的巴音郭楞刚下过了第一场雪，已在试验场里干了四五个小时的杨轶挂念的是几公里之外负责靶点任务的同事：他们的身体还能否吃得消？

这是国防科技大学激光技术团队外场试验大队大队长杨轶今年第三次赴西北戈壁开展外场试验任务。从西北戈壁到南海岛礁、从黄渤之滨到西南边陲，17年来一个个地标标注了他的足迹，也见证了我国某高新装备的发展历程。

拼搏—把能打管用的装备交付部队

国防科大术术激光技术团队长期致力于激光系统总体技术、激光器技术等关键技术攻关与系统研制工作。外场试验是关键一环。

2001年，杨轶毕业留校后一直从事外场试验工作。他说，大型综合技术外场试验涉及多项关键技术验证，来不得半点含糊。

一次试验中，负责数据采集与测试的杨轶和同事们在高 18 米的简易平台上等待测试时机。雪后天气异常寒冷，由于平台空间有限，加之担心活动干扰光路通视，他们连脚都不敢跺一下。四五个小时后，他们全身都被冻成了冰疙瘩。

要想获得看得见、靠得住的验证结果，必须有大量丰富有效的一手数据。为了监测数据，杨轶和同事们有时必须在凌晨两点起床去观测点，错过了就只能等第二天；有时则要在酷暑中蹲守四五个小时，脖子经常被晒起一层层的皮；有时驻地一片晴空，到达试验场却飘起雪花，只能无奈而归。

行李箱放在家中的显眼位置，杨轶随时准备出发。这些年来，他参加了 30 余次大型外场试验任务，圆满完成承担的各项关键技术攻关和验证工作，先后获得军队科技进步一等奖、国家科技进步二等奖等。

"看着能打管用的装备交付部队，是我最有成就感的时刻。"杨轶说。

担当—问题顶得住团队信得过的"指挥员"

每年末，杨轶就要开始盘算新一年的试验计划和时间安排了。自 2013 年起，他开始接手外场试验现场指挥调度工作。方案设计、技术对接、物资保障……作为项目"指挥员"的他工作千头万绪。

最让他头疼的是人员的沟通协调。来自不同领域、不同单位的专家，即使是对同一数据都有不同专业的考量，拍桌子是常有的事。试验大队技术总顾问杜少军说："试验中问题的解决、项目的推进只能靠实力说话，首先你要让人家服你。"

面对技术的摩擦和利益的碰撞，杨轶坚持从大局出发，有问题集思广益、有困难敢为人先、有矛盾不偏不倚。试验大队副队长张炬喆说："杨轶把个人得失看得很淡，做事兢兢业业、处事公平公道、待人谦和坦诚，这样的人我们服。"

在一次试验任务中，杨轶突然发现监控点出现异常状况。他当即下达指令应急处理，避免设备受损所造成的巨大经济损失。

过硬的实力源自重大任务的磨砺。从岗位操作到数据收集，从全系统技术状态判断到数据综合分析处理，杨轶经历了外场试验中各个角色的磨砺，熟知试验各关键节点和"卡脖"问题，光问题记录本就有 30 余个。

第二节　劳模精神的时代价值

一、劳模精神为实现中华民族伟大复兴提供不竭的精神动力

习近平总书记指出："实现我们的奋斗目标，开创我们的美好未来，必须依靠辛勤

劳动、诚实劳动、创造性劳动。"劳模精神是辛勤劳动、诚实劳动和创造性劳动的集中展现，是充实和展示国家文化软实力的重要内容，是激励共产党人不忘初心的生动素材，是坚定中国特色社会主义"四个自信"的重要动力，能为实现中华民族伟大复兴的中国梦提供强大的综合国力，塑造坚强的领导核心，注入不竭的精神动力，是实现中华民族伟大复兴中国梦的重要力量。

（一）劳模精神是充实和展示国家文化软实力的重要内容

在经济实力已经被世界各国公认为大国指标的同时，我国的文化软实力也在悄然成为国际力量对比的证明，在国家强大的进程中发挥着越来越突出的价值与作用。劳模精神作为时代精神的凝结和中华民族精神的高度升华，具有永恒的文化价值，劳模精神就是一种国家文化软实力。继承与弘扬劳模精神是当前充实和提高我国文化软实力的一个重要途径。

弘扬劳模精神有助于增强中华民族的自尊心、自信心和自豪感。劳模精神所洋溢的把国家和人民的利益放在首位，勇于承担历史使命的主人翁意识和责任感，为国争光和为民族争气的强烈的爱国主义情怀，正是民族自尊心、自信心和自豪感的集中体现。当下，我国正处在全面建成小康社会、实现伟大复兴的新征程中，我们更要弘扬劳模精神和自强不息、奋发有为、艰苦创业的爱国精神，保持并增强民族自尊心、自信心和自豪感，从而在激烈的国际竞争中立于不败之地。

弘扬劳模精神有助于在全社会大力弘扬"以人为本"的人文精神。劳模精神积极发挥劳动群众的主动性，尊重劳动人民的主体地位，将人民群众作为我国发展的最坚实后盾，把人民利益放在首位，关注人民的价值，促进人民全面发展，努力实现人民体面地劳动。这种以人为本、实现人的全面发展的理念就是一种文化凝聚力和精神向心力。继承与弘扬劳模精神中的这种人文精神，就能带动文化软实力中最核心的要素，为增强文化软实力增添内生活力。

（二）劳模精神是坚定中国特色社会主义"四个自信"的重要精神源泉

劳模精神是中国共产党在革命、建设与改革的历史进程中，将优秀的民族精神和伟大的劳动实践相结合而孕育出的重要精神成果。它一边承载着孕育出伟大民族精神的优秀传统文化，一边承载着社会主义劳动者的价值属性和时代特征，具有鲜明的社会主义属性，将为新时代坚定中国特色社会主义"四个自信"提供重要的精神动力。

劳模精神是在中国共产党总结经验、探索道路的过程中形成的重要精神，因此，它所表现出来的理论本源、价值导向、理想追求和实践基础，是我们坚持走中国特色社会主义道路的题中之义和内在表达。我国坚持弘扬劳模精神就是对马克思主义劳动理论中国化的科学验证，是继续发扬和贯彻马克思主义理论信念的价值基础，是对中国特色社会主义理论体系的高度自信。劳模精神展示的是我国人民的劳动风范，与中国特色社会主义制度具有共同主体，新时代弘扬劳模精神就是对我国劳动人民的歌颂，就是对中国特色社会主义制度的坚定。劳模精神是在建设中国特色社会主义的伟大实践中形成的一种文化现象，具有深厚的文化基础，能为坚定文化自信注入强大的精神力量。

（三）劳模精神是激励中国共产党人不忘初心的生动素材

党的十九大报告指出：“中国共产党人的初心和使命，就是为中国人民谋幸福，为中华民族谋复兴。”劳模精神贯穿于中国共产党带领人民寻求独立与复兴的历史进程中，与中国共产党人的其他革命精神交织在一起，是激励中国共产党人不忘初心的生动素材。

梦想的实现必须要有精神的支撑。中国共产党人之所以能带领人民战胜种种困难，前仆后继、不屈不挠地解决各种难题，就是因为他们是中国人。5000 年绵延不断的中国精神是激励他们为了中华民族奋勇前进的强大精神动力。劳模精神作为中国精神的重要组成部分，同样是激励共产党人为了民族复兴而艰苦奋斗的强大精神力量。

劳模精神的弘扬能发扬共产党人勤奋劳动、自力更生的优良传统，营造风清气正的良好政治生态。中国共产党历经艰辛能化险为夷，靠的正是辛勤劳动，所以劳动是中国共产党发展壮大的法宝之一，对中国共产党人有着重要的意义。新时代弘扬劳模精神就是提倡通过劳动来锤炼作风、锤炼干部，发扬党的优良作风，确保党的健康发展，为实现中华民族伟大复兴的中国梦塑造坚强的领导核心。

📖 榜样力量

“抗疫”一线的劳动模范

2020 年 2 月 10 日，全国劳动模范、石家庄市天荟商贸公司党支部书记刘荣秀，带领该公司“劳模志愿服务队”向石家庄市第五医院奋战在“抗疫”一线的医护人员捐赠 400 斤苹果和 200 袋速冻水饺等生活用品。这是他们第二次向该医院“抗疫”一线医护人员进行捐赠。

自新冠肺炎疫情发生以来，刘荣秀带领该公司的劳模志愿者成立“疫情物资保障小分队”，储备了价值 6 万元、18 个品种的紧急生活用品和防护物资，将分期分批捐赠给石家庄市新冠肺炎救治定点医院。

刘荣秀在 2000 年、2005 年两次获得“全国劳动模范”荣誉称号。在她的带动与影响下，石家庄市天荟商贸公司数名员工因工作优秀而成为省级和市级劳动模范。如今，在抗击新冠肺炎疫情的关键时刻，他们用实际行动践行着劳模精神。

📖 拓展阅读

（一）全国劳动模范

全国劳动模范是党中央、国务院授予在社会主义建设事业中作出重大贡献者的荣誉称号。授予形式分为召开表彰大会、工作会议、零散表彰等。全国劳动模范的评选表彰工作每5年一次。

（二）全国五一劳动奖章

全国五一劳动奖章是全国总工会为奖励在社会主义各项建设事业中作出突出贡献的职工而颁发的荣誉奖章。颁发范围包括工业交通、基本建设、农林水利、财贸金融、文化、教育、新闻、出版、政法、卫生、科研、体育、机关团体等各行各业的职工。全国五一劳动奖章的评选表彰工作每年一次。

（三）全国五一劳动奖状

全国五一劳动奖状是中华全国总工会设立的授予先进集体的荣誉称号，授予对象为在我国境内依法注册或登记的非跨地区的企业、事业单位、机关、社会组织及其他组织。全国五一劳动奖状的评选表彰工作每年一次。

（四）全国工人先锋号

全国工人先锋号由全国总工会授予企业、事业单位、机关、社会组织及其他组织所属的部门。其评选表彰工作每年一次。

二、劳模精神为社会主义建设创造巨大的经济价值

劳模精神的经济价值主要体现在两个方面：一是劳模精神激励下创造的直接经济利益，二是劳模品牌创造的文化资本。

不同时代的劳模都以不同的形式在不同的岗位上创造经济价值，他们或者创造新的工艺技术，或者创造更多的单位时间价值，在特定范围内代表先进生产力水平。劳模成为技术创新的带头人。此外，精神的力量是无穷的。在市场经济条件下，劳模已成为企业最宝贵的无形资产之一，成为企业发展的重要文化资本。他们的凝聚力、影响力和号召力都对企业的发展产生了积极的影响，产生了巨大的品牌效应。全国劳模周宁芝是宁波市第二百货商店的员工，她第一个以个人名字命名了服务品牌，推出了周宁芝内衣专柜。知名劳模夏慧星是位"的哥"，注册了出租车服务品牌，为企业带来巨大的品牌效应。

从"旗帜鲜明的边疆工人"赵占奎、"军工先驱"吴运铎，到"高炉卫士"孟泰、"铁人"王进喜、"两弹元勋"邓稼先，再到"蓝领专家"孔祥瑞、"金工"窦铁成、"白衣圣人"吴登云，在改革开放的新时期，他们都为社会主义建设创造巨大的经济价值，谱写了一首首动人的歌曲，为群众树立了光辉的榜样。

中国社会主义建设的辉煌成就离不开亿万中国劳动者的艰苦奋斗和无私奉献，离不开广大劳动模范的创新、奋斗和追求卓越，他们体现了劳动模范的伟大精神，正是这些伟大精神引领和推动了中国经济的发展与繁荣。

📖 榜样力量

带领全村人一起致富

张明富出生于遵义山区一户贫困家庭。17 岁那年，母亲身患重病，家里一贫如洗，欠下巨额债务。1980 年，18 岁的张明富辍学回家，南下广东打工。1991 年，怀着对家乡的思念与带领亲友们致富的决心，张明富揣着打工攒下的 6 万元钱回乡创业。他找到亲戚们，鼓动大家筹钱办厂。"一个'农二哥'开啥厂哟！有几个钱存在银行吃利息不好？"老乡们风凉话不少。张明富决定自己干，他在遵义市火车站租了个门面，搞副食品和化妆品批发生意，慢慢攒本钱。

1998 年，积攒了近 300 万元资金的张明富又有了最初的梦想。他说"一人富不算富，要带大家谋出路。"积累了一定经验的他选择回村办化妆品厂。租厂房、买设备，贵州梦丽雅化妆品厂开工了。没几年，"梦润"洗护产品逐渐走入农村千家万户，到 2003 年，仅厂里的运货车就有 40 多辆。

生意顺风顺水，张明富却一直在谋划怎么带动更多乡亲一起致富。2004 年，团泽镇鹌鹑养殖产业因经营管理不善，养殖户大多亏得血本无归。

"老张，你是村里的能人，得带着大家渡过难关啊。"一位村民说。

张明富二话不说接过了重担。张明富接手后加大投资，建饲料厂，搞产品深加工。眼睁着产业链逐步完善，可一场禽流感使产品滞销，产业遭受当头一棒。怎么办？老乡们经不起"二次伤害"。张明富决定：一方面，先用公司资金将农户卖不出去的鹌鹑蛋全部回收，将存放时间过长的全部销毁；另一方面，发动企业所有员工找销售出路，拓展市场。难关终于扛过，销售逐渐好转。随后，张明富投资在村里建起 1 万平方米鹌鹑标准化养殖示范场、鹌鹑肉蛋现代化深加工生产线等，带动大坝村及周围上万农户养殖鹌鹑、种植鹌鹑专用饲料作物……张明富成了返乡创业成功的典范，但他心里想的却是如何带领更多农民工返乡创业。在他的带动激励下，原先认为在农村没有发展前景的年轻人纷纷选择回乡创业就业。

遵义市汇川区团泽镇返乡创业农民工张明富带领村民致富的精神受到有关部门的高度赞扬。张明富致信国务院总理，提出重视和鼓励农民工返乡创业的意见得到温家宝、李克强两任总理的高度重视，两位总理的批示引导了中央出台重视农民工创业的政策，团泽镇大坝这个偏远的山村因此成为农民工创业的政策发源地。

三、劳模精神为培育时代新人提供重要手段

劳模精神作为社会主义国家对于劳动作用的高度彰显，在培育时代新人方面有着不同寻常的价值，它能培养大学生热爱劳动的情怀、劳动光荣的信念和劳动实干的担当，是培育时代新人的重要手段。

（一）有助于培养学生热爱劳动的情怀

青年学生是国家和民族发展的希望，他们的劳动情怀不仅决定自身发展的前途，而且影响我国实现"两个一百年"奋斗目标和社会主义现代化的进程，所以，习近平总书记对培养青年学生热爱劳动的深厚情怀寄予深深的厚望，他指出："要通过各种措施和方式，教育引导广大青年学生牢固树立热爱劳动的思想、牢固养成热爱劳动的习惯，为祖国培养一代又一代勤于劳动、善于劳动的高素质劳动者。"但从实际我们就会发现，现在的青年学生劳动观念淡薄，劳动习惯缺乏，劳动价值观存在严重偏差。要改变这种错误的生活习惯和思想意识，培养其热爱劳动的深厚情怀，就要大力弘扬劳模精神，推动劳模精神进社会、进家庭、进校园。

（二）有助于培养学生劳动光荣的信念

培养青年学生劳动光荣的信念，就是要培养青年学生树立正确的劳动观，在对劳动的正确认识中增强自己的本领，实现人生的价值。劳动模范和劳模精神是在"体力劳动是防止一切社会病毒的伟大的消毒剂""劳动创造了人本身""物质生活的生产方式制约着整个社会生活、政治生活和精神生活的过程"等马克思主义劳动观的指导下，形成的充分肯定劳动在社会建设和发展中的根本作用的成果。弘扬劳模精神有助于消除青年学生心中劳动低下的错误思想，生成并传播劳动至上、劳动光荣、创造伟大、劳动者平等的积极劳动观，让青年学生在辛勤劳动中放飞和实现自己的梦想。

（三）有助于培养学生劳动实干的担当精神

中国特色社会主义进入新时代，青年学生必须敢于担当、勇于担当。习近平总书记在2018年召开的全国教育大会上着重强调要培养青年学生的奋斗精神，教育广大青年敢于担当、勇于奋斗，让奋斗成为青春的底色。现在我国正处于实现中华民族伟大复兴目标的重要历史时期，青年学生是实现这一目标的生力军，他们的责任意识和担当精神直接影响这一目标的到来与实现。在青年学生中弘扬劳模精神，就是要教育他们向劳动模范学习，学习他们爱岗敬业、艰苦奋斗、淡泊名利、甘于奉献的精神，学习他们将自己的人生价值置于国家发展的伟大宏图中的爱国主义精神，培养他们的劳动实干精神，让他们在自己的辛勤劳动中担起时代赋予的重任。

📖 榜样力量

设计我国首个高铁上盖工程

2020年4月，湖北省总工会办公室发布通报，对2019年全省劳动竞赛先进集体和先进个人授予湖北五一劳动奖章。其中，被授予湖北五一劳动奖章的26岁铁四院工程师葛钰成为铁四院史上最年轻的女劳模。

动车组每天驰骋在祖国大地，晚上去哪里了？"生病"了怎么办？让葛钰一战成名的就是她所在团队打造的杭州艮山门运用所项目。葛钰说："我们这座动车运用所可以说是为高铁打造的豪华"4S'店"。

艮山门运用所位于西湖城区东北角，南临京杭运河，南北向长达3000米，是隔离城市空间的一道裂痕。为弥补城市裂痕，该项目提出一体化上盖综合开发，2018年3月对设计单位进行全球招标，铁四院联合体以"遇见杭州未来的时空之门"设计理念最终中标。2019年9月，在湖北省勘察设计职工技能大赛中，葛钰发布的艮山门运用所创新成果《路地融合城市之门，智创宜居首善之所》获工业工程类一等奖，全省仅3项。

"上盖综合开发说形象点，就是给运用所加个盖子，而后在盖子上通过综合开发实现动车所与城市的融合。"葛钰告诉记者，2017年，她刚入职铁四院就进入这个重点项目团队，设计工艺流线布局。这项工作对她来说挑战极大，"地铁车辆段有这样的设计先例，但国铁上盖开发，我们是零的突破"。方案多次调整，一次次推倒重来，葛钰说不清自己画了多少图，流了多少汗，最关键是限界的问题，要找到平衡点，到底是一线一跨、两线一跨还是三线一跨，做了大量计算和建模。可以说，葛钰每天在加班、出差和熬夜中度过。

人才是熬出来的，她创新性地提出两级四场的工艺布局，足以保证杭州东站及杭州站动车组检修工艺顺畅，方案经项目团队优化及内部评审后得到铁路总公司（现为中国国家铁路集团有限公司）高度认可。

截至目前，葛钰获得发明专利8项，实用新型2项，发表论文2篇。经过3年的奋斗，她为自己的第一阶段工作提交了一份完美的答卷。"我们设备处注重人才培养，注重创新，连续6年拿了湖北省科技进步一等奖，在这种氛围下，你也只能进步。"葛钰说，"湖北五一劳动奖章这份荣誉将激励她继续跑步前进，设计是一个需要经验去支撑的职业，我还年轻，提升和进步的空间很大，要走的路很长。年轻人当然要奋斗"。

第三节 弘扬新时代劳模精神

劳模精神是广大劳动模范在从事社会生产的劳动实践中锤炼形成的，是工人阶级和广大劳动群众弥足珍贵的精神财富。"爱岗敬业、争创一流，艰苦奋斗、勇于创新，淡泊名利、甘于奉献"的劳模精神，是工人阶级伟大品格的具体体现，生动诠释了社会主义核心价值观，丰富了民族精神和时代精神的内涵，是激励全国各族人民团结奋斗、勇往直前的强大精神力量。全面建成小康社会，实现中华民族伟大复兴的中国梦，必须依靠劳动，必须依靠广大劳动者。践行劳模精神，就是要以劳模为榜样，学习他们爱岗敬业、争创一流，学习他们艰苦奋斗、勇于创新，学习他们淡泊名利、甘于奉献。

一、爱岗敬业

　　爱岗敬业指的是忠于职守的事业精神，这是职业道德的基础。爱岗就是热爱自己的工作岗位，热爱本职工作；敬业就是用一种恭敬严肃的态度对待自己的工作。

　　提倡爱岗敬业就是要做到热爱本职岗位，努力做到干一行爱一行。在平凡的岗位上严格要求自己，时时事事不忘创先争优；保持热情的工作态度和严谨的工作作风；认真树立职业理想，强化自己的职业责任；认真学习与职业有关的理论知识，提高职业技能，不断完善自我、提高自我，时刻保持努力学习的劲头，在工作中学习，在实践中学习，将学习作为一种良好的生活习惯。

　　提倡爱岗敬业就要努力培育敬业精神。我们要有扎实的专业思想，要热爱本职工作，扎扎实实地掌握好专业基本功，达到专业水平，力求干一行专一行，努力成为行家里手；要有强烈的事业心，具有事业心的人能根据自己的主、客观条件，确立经过努力可以达到的可行目标；要有勤勉的工作态度，因为对工作的了解与工作态度的认知成分密切相关，对工作的积极性与工作态度的行为成分密切相关，对工作的满意度则与工作态度的情感成分密切相关；要有旺盛的进取意识，具有进取意识的人会为自己设定较高的工作目标，勇于迎接挑战，渴望有出色的工作成绩，争取更大更好的发展。

📖 榜样力量

辛苦我一人，方便千万家

　　徐虎是一位首创夜间义务挂箱服务的水电工。随着那句人们耳熟能详的"辛苦我一人，方便千万家"，"徐虎精神"一直相传。

　　1985年，徐虎已在中山北路房管所做了10年水电养护工。他曾以个人名义向附近住户发出了500张修理服务征询单，了解到双职工家庭普遍存在白天上班无法报修的难题，徐虎决定提供夜间义务服务。1985年6月23日，徐虎在辖区内挂了3只夜间报修服务箱，开箱时间为每晚7时。还写了告示：凡附近公房居民，如果遇到晚间水电急修，请写上纸条放入箱中，本人将为您服务。

　　从那一天起的10多年里，徐虎总会准时背上工具包，骑上他的那辆旧自行车，直奔这3只报修箱，然后按照报修单上的地址走了一家又一家，从未失信过他的用户。徐虎累计开箱服务3700多天，共用了7400多小时，为居民解决夜间水电急修项目2100多个，被群众誉为"19点钟的太阳"。

　　在徐虎的职业生涯中，他5次被评为全国劳动模范，2次被评为上海市劳动模范，曾获得"全国优秀工人代表""全国优秀共产党员"等称号。

　　他还被评为"100位中华人民共和国成立以来'感动中国'人物"和"时代领跑者——中华人民共和国成立以来最具有影响的劳动模范"等。

二、争创一流

争创一流是一种积极奋发的精神风貌，是一种凝心聚力的目标追求，可以内化为每个人的工作动力源泉。我们要学习劳模，创造一流的工艺、一流的质量、一流的管理、一流的服务，推动我国社会生产力水平实现整体飞跃。

争创一流就要立高标准。争创一流是事业发展的上游目标、内在动力，是提高工作水平的基本前提和条件。如果工作标准低，一出手就是二流、三流的，工作质量就得不到提升，遇到的困难就得不到克服，碰到的难题就得不到解决，久而久之就会养成思维上的惰性，以至于因循守旧、思想僵化、行动滞后、徘徊不前。

争创一流就要追求最优。"取法乎上，仅得其中；取法乎中，仅得其下"。追求最优，需要坚持，需要量变到质变的积淀；追求最优，需要创造性思维，保持积极思考的习惯，保持自身思维的独立性与前瞻性；追求最优，需要充满激情，积极主动地工作、学习和生活；追求最优，需要好方法，包括做人的方法、工作的方法和思考的方法。

争创一流就要有进取心。"进"是一种前进的动力，人只有不断地学习进步，才能不断地提升自己的能力，在工作中顽强拼搏、争创一流；"取"是指获取，但在获取之前需要有付出，有付出才有收获。进取心就是不满足于现状，坚持不懈地向新目标追求的心理状态。我们要把"下一个成功"当作自己努力的目标，永远保持一颗进取之心。在迈向成功的道路上，每当实现一个近期目标时，绝不应该骄傲自满，而应该相信最好的永远都在"下一个"，要把原来的成功归零并作为新的起点，才能不断地攀登新的高峰。

📖 榜样力量

与青蒿结缘，用中医药造福世界

"中医药人撸起袖子加油干，一定能把中医药这一祖先留给我们的宝贵财富继承好、发展好、利用好。"中国中医科学院终身研究员、国家最高科学技术奖获得者、2015年诺贝尔生理学或医学奖获得者屠呦呦的声音铿锵有力。60多年来，她从未停止中医药研究实践，在自己热爱的岗位上发光发热，不满足于现状，积极进取，一往无前，没有停下攀登的脚步。

屠呦呦于1969年接受了国家疟疾防治研究项目"523"办公室艰巨的抗疟研究任务。由于当时的科研设备比较陈旧，科研水平也无法达到国际一流水平，不少人认为这个任务难以完成，只有屠呦呦坚定地说："没有行不行，只有肯不肯坚持。"

通过整理中医药典籍、走访名老中医，她汇集了640余种治疗疟疾的中药秘验方。在青蒿提取物实验药效不稳定的情况下，东晋葛洪的《肘后备急方》中对青蒿截疟的记载"青蒿一握，以水二升渍，绞取汁，尽服之"给了屠呦呦新的灵感。"未来我们要把青蒿素研发做透"是屠呦呦的目标与方向。

2019 年 9 月 17 日，她被授予"共和国勋章"。但对于人生进入第 89 个年头的屠呦呦来说，她更在意的事情是"在这座科学的高峰上，我还能攀登多久？"事实上，从 1955 年进入中医研究院工作以来，她一直像青蒿一样保持着向上生长的姿态，醉心科研，"欲穷千里目，更上一层楼"。

三、艰苦奋斗

艰苦奋斗是指为实现伟大的或既定的目标而勇于克服艰难困苦、顽强奋斗、百折不挠、自强不息、居安思危、戒奢以俭的精神和行动。艰苦奋斗精神的内在核心是不怕困难、自强不息，不屈服于艰难困苦，不懈怠于富足安逸，不满足于已有的成绩，不避讳于自己的差距，始终奋发向上、谦虚谨慎，保持一种不断进取的精神状态。

艰苦奋斗的内涵和表现有两个层面。一是物质层面。物质层面的艰苦奋斗要求人们的消费水平要节制在合理的限度内，这个合理限度的衡量标准要与时代的社会生产力水平相适应。它提倡的是勤俭节约，珍惜劳动创造的物质财富，自觉克服贪图安逸、追求享受的思想。二是精神层面。精神层面的艰苦奋斗是指不畏艰难困苦、锐意进取、坚韧不拔、奋发有为的精神状态和为人民利益乐于奉献的行为品质。这种精神状态与行为品质的本质是一种积极进取、奋发有为的世界观、人生观和价值观。

提倡艰苦奋斗就要在思想意识上树立正确的价值取向和立场观点，增强不怕困难的意识，坚定克服困难的信心，培育在艰苦环境中敢于奋起、有所作为的品格。

提倡艰苦奋斗就要在精神意志上始终保持昂扬的朝气、奋进的锐气和浩然的正气，"咬定青山不放松""任尔东西南北风"，矢志不渝、志存高远、百折不挠。

提倡艰苦奋斗就要在学习和工作中始终勤奋刻苦、努力创新、厉行节约，吃苦在前，享受在后。只有勤劳肯干、勤学苦练，才能提高自己的工作技能，不断实现自我突破。

提倡艰苦奋斗就要在生活态度上保持心态平和，耐得住清贫、抗得住寂寞、抵得住诱惑、把得住大节，自重、自省、自警、自励，自觉摆脱低级趣味，抵制腐化堕落的生活方式。

📖 榜样力量

耕耘长江的人

一生耕耘长江，把自己的人生融入祖国的水电建设，这种不凡的经历锤炼出一位技术功底扎实、实践经验丰富、人品优良的学者——张超然。

他就是中国长江三峡集团公司总工程师、科技委副主任。张超然在 1999 年被评为三峡工程优秀建设者，2000 年被评为湖北省劳动模范，2003 年当选为中国工程院院士，2005 年荣获"全国五一劳动奖章"，2010 年荣获"全国劳动模范"称号。

在成都勘测设计院工作期间，张超然经历过水电站工作的种种艰苦。

到三峡工地后，工作环境大大改善，但肩上的担子重了。但张超然仍淡泊名利，不计较个人得失。作为总工程师，没有专车，没有总工程师办公室，许多具体工作得自己做，太辛苦了，但张超然却感到很满足。张超然总说："只要能让我干三峡工程，只要技术上不出差错，我比什么都踏实。既然选择了在三峡，就要做出奉献，不讲价钱，不讲荣誉、地位，不计较个人得失，踏踏实实做好工作。"

从 1996 年到 2002 年，张超然坚守工地，在三峡工地过了 6 个春节。无论是周末双休还是正常上班作息，他都坚守在工地，召开技术论证会，审阅技术文件，查阅资料，忙个不停。几十年来，许多媒体的记者要采访他，都被他拒绝了。除了工作和技术以外，他不愿对任何人讲起个人的得失。

张超然工作的大部分时间在施工一线，了解施工现场情况，主持有关现场技术问题的会议，坚持自己动手编写或修改技术要点，编写有关技术汇报，经常忙到深夜。他患有脑血管硬化，经常头疼，还患有高血压和十二指肠溃疡。别人问起他的身体，他总是淡然一笑，说："只要精神不垮，有病也不怕，没啥了不起的。"在三峡二期混凝土浇筑的 3 年高峰期间，张超然连续几个春节守在工地，他一刻也放不下对三峡工程的牵挂。

四、勇于创新

创新是一个民族进步的灵魂，是事业发展的不竭动力。一个全民创新的国家会更有力量，一个全员创新的企业会更有生机，一个自我创新的岗位也会更有作为。发展蕴含机遇，创新成就伟业。劳模勇于创新的精神是各行各业创新精神的总结，也是对青年学生的要求，更是值得永远传承的精神财富。

对青年学生来说，要做到勇于创新，最重要的就是培养创新思维、提升创新能力，其途径主要有以下三条：

1. 充实知识储备，蓄积创新能量

大学生创新主要靠知识技术。创新不仅需要专业知识，还需要管理、财务、法律、市场、人文等方面的知识，同时要求大学生具有对这些知识的获取、处理、加工和整合能力。大学生可以通过专业课和公共选修课的学习修读学位、参加培训、社会实践等方式扩大自己的知识面。

2. 掌握创新技巧，发挥创新潜能

方法技巧是创新的途径和工具，大学生要通过学习与创新实践活动掌握类比、联想、设问、列举、组合、激励等创新创造技法，激发自己的创新潜能。

3. 强化实践锻炼，提升实践能力

科技竞赛是提高大学生实践能力的一个重要途径，大学生可以通过参加适合自己的科技竞赛来提升自身的实践能力。积极参加各级大学生创新创业训练计划项目，通过项目申报、中期检查、结题体验科研的全过程，既是对知识的探究，也是对知识、方法和技能的应用。

📖 榜样力量

实现交通事故为零的目标

他是高级经济师，是中共党员，自 1995 年参加工作以来，实现了交通事故为零的目标，安全、圆满地完成了公司的各项运输、建设任务……他叫张宏祥，研究生学历，现任甘肃稀土股份有限公司汽车队队长。

多年来，张宏祥坚持执行党的路线、方针、政策，遵守国家法律、法规，立足岗位，踏踏实实工作并积极开拓创新，以高度的责任感和强烈的事业心，团结和带领全队职工励精图治、艰苦奋斗，一心扑在工作上，使汽车队的各项工作得到了全面发展。

2017 年是公司规划汽车队模拟市场运行独立核算的第一年。在这一年中，张宏祥率先垂范，开拓创新，建立内部生产经营任务指标核算考核体系，层层分解落实指标，严格各项考核，变压力为动力，努力降低成本。

2017 年，汽车队完成营业收入 1488.1 万元，实现利润 100 万元，通过参与运输项目市场竞争和物资供运平台为公司节约运输资金 300 万元，创收 136.06 万元。

↘ 课程实践

【活动名称】 寻找劳模

【活动目的】 了解劳模事迹，感悟劳模精神，传承劳模传统。

我们身边，有很多优秀的劳动者，他们在不同岗位做出了不平凡的业绩，也许我们平常没有注意。请同学们寻找身边的劳模，通过面对面交流，用视频或图文记录劳模的感人事迹，和同学分享启发与感悟。

思考题

1. 什么是劳模？什么是劳模精神？

2. 身边有模范吗？你认为什么样的人才能当劳模？

3. 新时代劳模精神有什么特色？

4. 为什么要弘扬劳模精神？

5. 如何弘扬劳模精神？

第四章 工匠精神

↘ 学习目标

1. 了解工匠精神的基本内涵。
2. 了解弘扬工匠精神的现实要求。
3. 了解培养大国工匠的意义。
4. 掌握培养工匠精神的途径。

课程导入

都江堰水利工程——古代工匠精神之体现

李冰是战国时期杰出的水利工程学家，在秦国时期负责兴建过几个大型的工程，被秦昭襄王任命为蜀郡太守。

李冰到蜀郡后，看到成都平原虽然土地肥沃，却人烟稀少，开垦的土地也不多。他很纳闷儿，就向当地的百姓询问。一位老人指着贯穿成都平原的岷江告诉他："就是因为这条害人的河，从我记事起就年年泛滥，不仅庄稼颗粒无收，连村庄都要整个被淹没。大人要再晚来几年，恐怕这里的人也要全搬走了。"

李冰恍然大悟，他决心征服这条河流，为当地的老百姓谋福利。

李冰先对岷江流域进行了全面考察，数次深入高山密林，追踪岷江的源头。他长途跋涉，沿江漂流，直达岷江与长江的汇合处，掌握了关于岷江的第一手材料。他发现岷江发源地一带沿江两岸山高谷深，水源丰沛，水流湍急。而到了灌县，地势一下变得平坦，水无遮拦，往往冲决堤岸，从上游挟带来的大量泥沙也容易淤积在这里，使河床渐渐升高。特别是在灌县的西南面，有一座玉垒山，阻碍了江水东流，每年夏秋洪水季节，水流无处排泄，常造成东旱西涝。他发现，这些都是成都平原水害频发的主要原因。

李冰想，消除水患就必须在平原上广修渠道，一则可以泄洪，二则可以灌溉，发展生产，而要使水能够灌入渠中，就必须凿开玉垒山，使岷江的水能够继续东流。

经过周密策划，李冰决定先从玉垒山开始。他亲自带领并指挥人们在玉垒山凿开了一个20米宽的口子，叫它"宝瓶口"，然后在江心用构筑分水堰的方法把江水分为两支，迫使其中一支流进宝瓶口。堤堰前端开头犹如鱼头，所以取名"鱼嘴"。它迎向岷江上游，把汹涌而来的江水分成东西两股。西股为外江，是岷江的正流；东股为内江，是灌溉渠系的总干渠，渠首就是宝瓶口。他还亲自规划、修建许多大小沟渠直接引入宝瓶口，组成了一个纵横交错的扇形水网。这是都江堰的主体工程。

后来，为了进一步控制流入宝瓶口的水量，在鱼嘴分水堰的尾部又修建了分洪用的平水槽和"飞沙堰"溢洪道。当内江水位过高时，洪水就经平水槽漫过"飞沙堰"流入外江，可充分保障灌区免遭水淹。同时，流入外江水流的旋涡作用还有效地冲刷了沉积在宝瓶口前后的泥沙。这些辅助设施使都江堰成为一个宏伟而缜密的系统工程。

李冰为此耗尽了心力，可他还不满足。他还为工程的维护和长久的使用做了考虑，制定了一系列维修和监控办法，有的还被沿用至今。都江堰建成后，成都平原杜绝了水患和旱灾，生产迅速发展起来，并逐渐成为富庶的"天府之国"。

1. 你认为工匠精神应该有哪些品质？
2. 你认为自己能不能成为大国工匠？现在离大国工匠还有哪些差距？

2016 年，工匠精神被首次写入政府工作报告，2017 年党的十九大报告提出："建设知识型、技能型、创新型劳动者大军，弘扬劳模精神和工匠精神，营造劳动光荣的社会风尚和精益求精的敬业风气。"说明弘扬工匠精神已经成为党和国家的意志和全社会共识。

第一节　工匠精神的内涵

工匠精神是一种职业精神，它是职业道德、职业能力和职业品质的体现，是从业者的一种职业价值取向和行为表现。工匠精神的基本内涵包括敬业、协作、精益、专注、创新等方面的内容。

一、敬业——职业精神

敬业是从业者基于对职业的敬畏和热爱而产生的一种全身心投入的认认真真、尽职尽责的职业精神状态。中华民族历来有"敬业乐群""忠于职守"的传统，敬业是中国人的传统美德，也是当今社会主义核心价值观的基本要求之一。早在春秋时期，孔子就主张人在一生中始终要"执事敬""事思敬""修己以敬"。其中，"执事敬"是指行事要严肃认真，不怠慢；"事思敬"是指临事要专心致志，不懈怠；"修己以敬"是指加强自身修养，保持恭敬谦逊的态度。宋代大思想家朱熹将敬业解释为"专心致志，以事其业"。

📖 拓展阅读

用爱岗敬业诠释"工匠精神"

爱岗敬业是对工作最好的尊重。在铁路工作了近 30 年的韩伟是这样要求自己的，也是这样践行承诺的。

韩伟在长春房产段担任过给水整备工、给水值班员、查收员和给水管道工。2018 年 10 月 11 日，由于生产力布局重新调整，家住在郑家屯的韩伟赴长春西作业队担任作业队长。没有房建检修相关工作经验的他凭借着自己对待新知识的钻劲儿和对待工作标准的较真劲儿，迅速转变工作角色，全身心地投入到生产中。

此时正是供暖工作启动准备阶段，作业队的重点工作除了房建巡检维修以外，还要对供暖设备的安全运行进行全面排查。另外，车间需要抽出人力支援长春站客车栓改造任务。面对工作任务集中、人员不足等诸多问题，韩伟没有退缩，而是迎难而上。他合理安排工人分组作业，制订检修计划，分配作业任务。白天，韩伟和经验丰富的同事共同学习房建知识，有空闲时，上网查阅资料。市内供热公司工作人员来调试锅炉，他一边配合工作、一边请教技术。韩伟经常和作业队的同事说："供暖设备必须严格按照标准检查、维修，即使有一点疏忽，事后都会出现大麻烦。"为了保证长春西站的取暖工作，韩伟自10月11日来到作业队，已经有20天没有回家，吃住在作业队，心里想着工作，眼睛盯着设备。他坚持职业操守，研究施工各项规章制度，并落实到作业标准上。

韩伟对待工作认真负责，对待质量精益求精，在他眼里工作不分大小，用心尽力最好，他用自己最朴实的行动诠释了爱岗敬业的精髓。

二、协作——团队精神

协作是指团队成员的分工合作。与传统工匠不同，新时代工匠，尤其是产业工人的生产方式已不再是手工作坊，而是大机器生产，工匠们所承担的工作只是众多工序中的一小部分。例如，"复兴号"列车，一列车厢就有3700多道工序，这3700多道工序，一个人是不可能完成的，必须由车间或班组（团队）协作完成。团队需要的是协作共进，而不是各自为战。因此，协作是现代"工匠精神"的要义。

📖 榜样力量

好团队是创业成功的一半

雷军表示，小米智能手机成功之道在于有好的创业团队、创新及好口碑。而MIUI、小米手机和米聊则组成了一个"铁三角"，让小米智能手机与其他竞争对手区分开来。

雷军在创业小聚年会上分享了自己的创业经验。在谈到创业成功之道时，雷军表示，在竞争日益激烈的今天，找到好的创业团队就是成功的一半。创业时，他花了半年多的时间，找遍了所有认识的人，才组建了小米科技的核心团队。

三、精益——品质精神

精益就是精益求精，是从业者对每件产品、每道工序都凝神聚力、追求极致的职业品质。精益求精是指已经做得很好了，还要求做得更好，即使做一颗螺丝钉也要做到最好。正如老子所说："天下大事，必作于细。"能基业长青的企业，无不是精益求精才获得成功的。

📖 榜样力量

用非遗"锦绣"织就巾帼致富路

付国艳出生在贵州安顺,这里的蜡染被誉为"东方第一染",安顺也被誉为"蜡染之乡"。付国艳听父亲说起,早年祖父在安顺集镇上开办染坊,在众多的作坊中,帅家、付家、谭家是规模较大的。付家即是付国艳祖上。

1988年,付国艳辞去令人羡慕的国企营业员工作,开了一间蜡染小作坊。1990年,亚运会在北京举办,亚洲劲吹中国风。街头巷尾,越来越多敢秀的贵阳人把民族服饰穿在身上,蜡染蝙蝠衫、扎染连衣裙成为最时尚的打扮。付国艳看准商机,和朋友合作开设了一家蜡染服装厂。

贵州是名副其实的非遗大省,拥有从县级到世界级的"非遗"名录总数超过6000项,涵盖传统工艺、民族歌舞等,但如何把这些民粹传承下去呢?付国艳开始研究民族工艺品的市场化发展。水族马尾绣、苗族刺绣、蜡染等"非遗"产品大受欢迎。

贵州省有1609万名妇女,其中36%是少数民族妇女,大约60%生活在农村。多年来,外出务工几乎成为妇女脱贫增收的唯一途径,但随之而来的是一留守儿童和留守老人等社会问题。20世纪90年代,很多村寨不通水,饮水都要靠走几小时的山路肩挑背扛,村民生活贫困落后。那时,付国艳经常只身到几百千米外的山野田间收购蜡染、刺绣等民族工艺品,用自己缝制的背包能够背回近百斤民族工艺品。"有时找不到要问路,别人指着一座山头说走两小时就到了,结果走过去才发现四五小时过去了,天都黑了。"付国艳回忆,这让她坚定了用民粹拉动村民脱贫增收的想法。

为了保证产品质量和数量,她一直坚持以3倍的订货数目向绣娘们收购产品,对于不合格产品,她宁可剪坏扔掉。她说:"避免绣娘以后不好好绣,她的产品可以给她收,但是你要当着她的面,拿剪刀把它剪坏,把它扔到垃圾里去。只有下这个决心,才可以把产品做好。"有一次,为了给客户赶货,付国艳带着团队三天三夜没睡觉,因为自己一睡,其他人肯定也要睡,没办法,于是大家三天三夜不睡觉,把产品做出来交给客户。

自2013年以来,贵州省妇联牵头推出"锦绣计划",把妇女手工与精准扶贫相结合,把传统技艺与现代时尚相融合,女性"指尖经济"如雨后春笋般旺盛生长,先后建成千余个巧手脱贫基地、1354家妇女特色手工企业和专业合作社,从事特色手工产业及辅助行业的女性近50万人。贵州省妇联整合各成员单位开展"锦绣计划"培训6.5万人次,贵州全省妇女特色手工产业产值达到60亿元。

这解决了付国艳的大难题。"妇女在合作社里接受培训,交货时我再去合作社取。绣娘的群体扩大了,品质好了,我也不用再一家一家去收了。"付国艳笑着说。

随着"锦绣计划"的实施与推广，付国艳找到20多位"非遗"传承人。她们在安顺、黔东南、黔南等地设立了农村合作社、手工联盟基地，通过对绣娘和手艺人进行培训，可以直接将产品提供给黔粹行。

自1994年推出的专利技术产品"真丝蜡染"在国际中小企业新产品、新技术博览会上获得金奖后，2010年，付国艳为上海世博会的贵州馆提供了90%的展品，包括苗族银饰、水族马尾绣工艺品等。2016年，她带着贵州民族工艺品亮相第十二届中国深圳文博会。在2018年东盟"一带一路"沿线国家旅游文化交流周上，来自柬埔寨、马来西亚、缅甸等东盟国家的代表团成员被她带来的马尾绣手包精致的刺绣图案深深吸引。

付国艳团队已经取得了贵州民族手工艺15项专利，但她仍然怀揣着对传统工艺不变的坚持和敬畏，"会创造更多更好的民艺产品，继续带动更多的贫困妇女居家就业增收，让民族工艺的璀璨明珠在更多人手中传承下去"。

四、专注——坚持精神

专注就是内心笃定而着眼于细节的耐心、执着、坚持的精神，这是一切大国工匠所必须具备的精神特质。从中外实践经验来看，工匠精神都意味着一种执着，即一种几十年如一日的坚持与韧性。德国除了有人们耳熟能详的奔驰、宝马、奥迪、西门子等知名品牌外，还有数以千计的普通中小企业，它们大部分"术业有专攻"，一旦选定行业，就一门心思扎根下去，心无旁骛，在一个细分产品上不断积累优势，在各自领域成为"领头羊"。其实，在中国早就有"艺痴者技必良"的说法，古代的工匠大多穷其一生只专注于做一件事或几件内容相近的事，《庄子》中记载的游刃有余的庖丁、《核舟记》中记载的奇巧人王叔远等大抵如此。

📖 榜样力量

"工人发明家"手握8项专利

新年伊始，徐仲维收到了一项人生的最高奖励——全国第十三届高技能人才获奖证书。

被称为"工人发明家"的徐仲维，是湘电集团特电事业部某国家重点科研项目高级技师，没有高学历，没有官衔。然而谁都没想到，这些年来，他竟获得了8项国家专利，其发明的一种外径千分尺检定校正装置获得了全国第十九届发明展铜奖。徐仲维对解决技术方面的问题从不墨守成规，总是打破常规找思路。他说："穿新鞋走老路，不会有突破，我觉得穿新鞋就要走新路。"

几年前，湘电集团承担了一项国防科技重大技术攻关项目，徐仲维担任安装调试、装配工艺技术工作。该项目的技术处于国际科技前沿，无任何经验借鉴，徐仲维就四处寻资料、想办法，折腾了很长一段时间，却无收获。

十分苦闷的他一连几天日夜围绕车间的操作台转来转去，在想到自己常年处理装配技术解决的诸多实际问题时眼前突然一亮，用分段的方式说不定就能解决这一重大项目的技术难题。顺着这个思路，他奋战了 10 多个昼夜，通过制订实施方案、调整操作规程、改变加工手段等，终于成功利用分段轨道精确定位的整套程序攻克了这一难题。

徐仲维记得某个国家重点科研项目中有一项技术是高能电机定子线圈的绕制工艺。该工艺要求在同一个定子铁心上绕制多相多级线圈，不能拼头、缠绕，尺寸也要求极高。一时间，分管技术的高层领导都觉得非常棘手，甚至有放弃的想法。徐仲维的压力比任何人都大，可他总觉得有办法扫除"拦路虎"。他与自己的团队制订攻关方案，一个不行再来一个，各种方案加起来就有 10 多个。由于徐仲维这种永不言弃的坚持，他们最终设计制造出两台大型全自动绕线整形机。他说："失败与成功，往往一步之遥，坚持就能看到曙光。"徐仲维发明的该项技术达世界前沿水平，获得 4 项国家专利。

五、创新——革新精神

工匠精神强调执着、坚持、专注，甚至是陶醉、痴迷，但绝不等同于因循守旧、拘泥一格的"匠气"，其中包括追求突破、追求革新的创新内蕴。工匠必须把"匠心"融入生产的每个环节，既要对职业有敬畏、对质量够精准，又要富有追求突破、追求革新的创新活力。事实上，古往今来，热衷于创新和发明的工匠一直是世界科技进步的重要推动力量。中华人民共和国成立初期，涌现出一大批优秀的工匠，如倪志福、郝建秀等，他们为社会主义建设事业做出了突出贡献。改革开放以来，"汉字激光照排系统之父"王选，"中国第一、全球第二的充电电池制造商"王传福，从事高铁研制生产的铁路工人和从事特高压、智能电网研究运行的电力工人等都是工匠精神的优秀传承者，他们让"中国创新"重新影响了世界。

📖 榜样力量

蓝领科学家

坐落在上海市浦东新区浦电路 370 号的宝钢股份有限公司（以下简称"宝钢"）是中国现代化程度最高、最具竞争力的钢铁联合企业，成立 38 年来为国家经济社会发展做出了巨大贡献。

19 岁怀揣八级钳工梦的王军刚从上海宝钢工业技术学校毕业就被分配到宝钢，在 2050 热轧精整线做剪刃组装工。在旁人看来，这种辅助岗位劳动强度大、技术含量低，很难熬出头。但王军认为，即使没机会成为八级钳工，也要做最优秀的剪刃组装工。正是这种朴素的职业追求、积极的职业心态，促使王军日后在原本不起眼的岗位上成长为一位工匠大师。

"像科学家那样去工作"是王军的座右铭，也是他给自己订立的人生信条。王军强调，一个技术工人不仅要懂技术，还要懂理论，要像科学家一样去思考、去工作、去创新。

王军认为，与科学家相比，一线技术工人更具有得天独厚的实验条件。他说："创新是技术单元的巧妙结合，工厂有现成的装备、现成的实验室，而且工厂有全厂员工一起努力探索，十分了解这些机器的特性和'脾气'，一旦做成功立刻就能产生真金白银的效果。"

"蓝领科学家"，这是宝钢同事对王军的评价。王军获得的诸多创新奖项证明同事对他的评价是中肯的。例如，王军获2007年度国家科技进步二等奖、2013年上海市科技进步二等奖，享受国务院政府特殊津贴，荣获第七届全国技术能手和全国劳动模范等荣誉，在国内外发明展上获奖35项（金奖18项），近5年创直接经济效益6亿元。

在王军眼中，创新从来不是社会精英、科学家的"分内事"，创新同样可以成为一线工人的"专利"。正是凭着这样的信念，在公司近30年的时间里，王军先后申请国家专利208项、申请PCT国际专利12项，获宝钢技术秘密认定42项、获国家软件著作权登记2项，在安全、环保、节能等方面的诸多创新成果替代进口并达到国际先进水平。王军说："从我身上可以看到，再普通的岗位都能创新。'中国制造'要转变为'中国创造'，就要依靠大家不断创新。"

作为一名钢铁工人，王军的愿望是在世界冶金钢铁发展史上留下中国人的印记，宝钢成为全球最具竞争力的钢铁企业，王军所在热轧厂成为现代化热连轧技术引领者。对王军来说，未来还要在创新的道路上继续干下去。他透露，未来还将完成一项重要突破，这项突破不一定是全新的技术，但肯定会在此前创新基础上实现更好的发展。

第二节　工匠精神的时代价值

当前，我国正处在从工业大国向工业强国迈进的关键时期，培育和弘扬严谨认真、精益求精、追求完美的工匠精神，对建设制造强国具有重要意义。工匠精神的内涵不能只包含工匠这个职业本身所具备的价值取向，还要作为在社会工作中的任何人的行为追求。在"中国制造"向"中国创造"转变的背景下，当今工匠有新的历史使命和重要责任，工匠精神也被赋予了更多的意义。

📖 **榜样力量**

肺科医院ICU（重症加强护理病房）的"牛"组长

在武汉市肺科医院的ICU，"90后"护理组组长刘恒明被称为"技术牛"。ICU主任胡明说，这孩子技术最好。护士长钟小锋说，这孩子是最拼的。

ICU如同战场，检测患者的生理数据、注射药物，体外膜肺氧合、呼吸机、血液净化装置、纤支……这些精密仪器的预装、调试、清理、维护、紧急情况的处理等，刘恒明时常忙得汗流浃背，却一刻也停不下来。

在肺科医院13楼ICU的值班室，一床被子，一张床，战斗六七小时回来躺一躺，24小时随叫随到，这就是刘恒明的抗疫日常。刘恒明说："科室里其他人下班可以回宾馆休息，但我要随时解决病房里出现的技术故障，所以，我就跟护士长提出住在值班室。"吃住都在医院的刘恒明缺席女儿的周岁生日，更没有机会回家抱抱女儿。深夜空闲下来了，亲人已入睡，他就去翻看手机里家人白天发来的视频，一个人傻笑。

平时，即使不是刘恒明的班，一些难度大的操作，一些重症救治仪器的报警及故障处理都得依靠刘恒明。刘恒明随叫随到，一忙就是数小时。

在疫情期间，许多国家级专家亲自到病房操作，刘恒明抓住机会向专家请教，他说："这种机会一生可能只有一次，我学到了难得的技术，更学到了专家们诲人不倦的奉献精神。"

一、工匠精神体现社会文明进步

实现中华民族伟大复兴的中国梦，物质财富要极大丰富，精神财富也要极大丰富，只有物质文明建设和精神文明建设都搞好，国家物质力量和精神力量都增强，全国各族人民的物质生活和精神生活都改善，中国特色社会主义事业才能顺利向前推进。也就是说，物质文明与精神文明是推动社会文明进步的"两个轮子"，是实现中华民族伟大复兴中国梦的"一双翅膀"，两者缺一不可。事实上，工匠精神的发育程度与社会的物质文明、精神文明的进步程度都直接相关。从精神文明的角度来看，工匠精神作为一种职业精神，在本质上是同社会主义核心价值观，特别是同其中的敬业、诚信要求高度契合的。从物质文明的角度来看，工匠精神在物质文明的创造过程中可以发挥强大的精神动力及智力支持作用。

二、工匠精神推动企业创新发展

随着市场经济特别是知识经济的发展，我国的企业也在不断创新发展，积极参与国际竞争，大批企业树立了自己的品牌形象，积累了先进的生产技术。工匠精神在我国企业创新发展中发挥了巨大作用，在企业进行品牌形象塑造和品牌资本创造中起着重要作用。

我国还建成了世界上唯一的门类齐全的制造业，由制造大国成为了制造强国。制造业是国民经济的主体，是立国之本、兴国之器、强国之基。成立尤其是改革开放以来，我国制造业持续快速发展，建成了门类齐全、独立完整的产业体系，有力地推动了工业化和现代化进程，显著增强了综合国力，支撑世界大国地位。然而，与世界先进水平相比，中国制造业仍然大而不强，在自主创新能力、资源利用效率、产业结构水平、信息化程度、质量效益等方面差距明显，转型升级和跨越发展的任务紧迫而艰巨。

为实现中国从全球制造大国到制造强国的跨越，2015 年 5 月 8 日，国务院正式印发《中国制造 2025》，提出了中国政府实施制造强国战略第一个十年的行动纲领。中国要迎头赶上世界制造强国，成功实现《中国制造 2025》战略目标，就必须在全社会大力弘扬以工匠精神为核心的职业精神。只有当敬业、精益、专注、创新的工匠精神融入生产、设计、经营的每个环节，实现由"重量"到"重质"的突围，中国制造才能赢得未来。

在中国从制造大国迈向制造强国的进程中，工匠精神被赋予了新的时代内涵。它不是工匠大师特有的殊荣，每个坚守工作岗位兢兢业业的劳动者都是工匠精神的生动诠释。

📖 榜样力量

让中国智能机床冲击世界一流

盖立亚，沈阳机床集团优尼斯智能装备有限公司教授级高级工程师，在机床行业工作 20 多年，先后主持和参与 4 项国家重大专项项目，取得主导实用新型专利 22 项、发明专利 3 项，成为"代表中国以流，冲击世界一流"的业界重要领军者。

1999 年，盖立亚大学毕业入职沈阳机床集团公司机床研究所。这一年，公司正好从生产制造普通机床向数控机床转型。盖立亚跟着一位资深工程师研发 CKS6132 数控机床设计。2000 年，这位工程师生病住院，重新安排人可能赶不上交货时间，时任沈阳机床研究所所长王瑛问盖立亚："你敢干不？"盖立亚没有细想，就答应了。

时隔多年，她再次谈起这件事，自己都禁不住笑起来："大学毕业才一年，就敢接公司第一次搞的科研项目，你说我是不是有点儿'虎'？"当时，研究所能够用于产品设计的计算机只有五六台，像她这样刚来的年轻人白天几乎没机会使用，她就等别人下班了使用，通宵是经常的事了。

设计出来了，机床也组装起来了，可一试车毛病一大堆：主轴振动、刀架不锁紧、防护漏……装配工人毫不客气地叫来盖立亚："你赶紧过来看看！"

从机床漏出的水淌了满地，盖立亚二话不说就钻到车床下找漏水点。找到了漏水点，她重新设计了防护装置，把问题解决了。紧接着又解决主轴振动、刀架不锁紧等问题。

2000年8月，公司按时交货。这是机床公司第一台高端数控车床，开创了国产数控机床商品化之路。

盖立亚力主创新，瞄准新观念、新方法，创造新成果。她说："大学书本中的经典车床再也不是市场的主流，所以必须要创新。"久而久之，同事都叫她全机能产品的"小鼻祖"。随着技术和经验的不断积累，她逐渐有了与专家"掰手腕"的信心与实力。

"无论是企业发展、国家需要，还是社会层面，都需要提升基础工业水平。我希望能够通过我们的努力，来提升我们的装备制造水平"。这是盖立亚的心声，也是她从过去到现在，甚至在未来一直坚持做的。

三、工匠精神助力个人价值实现

当今，机器化生产，特别是智能化生产，大大提高了劳动生产率，但劳动者在生产创造中仍然具有完全的主动性，可以根据自己的构思、意志来完成产品。以工匠精神来做生产创造，工作就变成了一种忘我的投入、生命的外在表达。自我的价值存在于自己双手所能控制的作用中，不受其他因素的影响，使自己在工作过程中能够获得真正的满足与成就感。

尊重员工的价值，启迪员工的智慧，实现员工的发展，不仅是员工个人成长的强烈需求，还是现代企业的责任和使命。工匠精神作为一种职业精神，是企业员工提升个人精神追求、完善个人职业素养、实现个人成长进步的重要道德指引。

美国旅馆业巨头康拉德·希尔顿年轻时有过在酒店打工的经历。刚工作时上司安排他打扫卫生，刷马桶是其中的必要环节。希尔顿对这份工作不满意，对待工作很懈怠。有一天，一位年龄稍长的女同事见他刷的马桶很不干净，就亲自为他做示范，并告诉他，自己刷完的马桶是有信心从里面舀水喝的。这件事对年轻的希尔顿触动很大，从此他一改对工作的懈怠应付，逐渐树立起踏实认真、一丝不苟的职业精神。后来，希尔顿拥有了自己的酒店，并在行业内独树一帜。回顾他的成功之路不难发现，他年轻时所遭遇的"喝马桶水"的职业精神教育这一课是他成长、成才、成功的重要精神财富。

事实上，企业员工所具有的高尚职业操守和强烈的工匠精神与拥有较高专业知识技能一样，是其自身立足职场的重要条件和在未来职业生涯中脱颖而出的制胜法宝。

📖 榜样力量

自主创新让环卫工作"少些味道、多些尊严"

河北沧州人李德自1982年进入环卫系统，30多年来，从以身作则、不眠不休工作的"拼命三郎"，到寻求技术突破、提高机械化作业率解放双手的专家，用自主创新真正改善了这份曾被戏言"顶风臭八里地"的工作。

　　小型粪便机械化作业车、自动压缩式固液分离吸污车、多功能高压冲洗车……2004 年开始，李德的发明填补了我国特种设备及特种车 4 项空白。他靠着自主研发，让沧州运河区公厕管理的粪便清淘机械化作业率从 18% 提升到了 98%。

　　"9 项专利代表着环卫工作中需要攻克的 9 个难题。"李德说，作为环卫工人，他要让这份工作少些味道、多些尊严。

　　"'我所理解的大国工匠'，不仅需要专业知识和技能的支撑，更需要吃得了苦、经得起磨难、耐得住寂寞。"李德说。

第三节　弘扬新时代工匠精神

　　培育和弘扬工匠精神是一项复杂而系统的工程，高校必须坚持正确导向，将工匠精神的培育融入社会主义核心价值观建设；完善育人模式，将工匠精神纳入教学重要内容；坚持产教融合，将工匠精神培育与时代需要相结合，培育一批拥有工匠精神的知识型、技能型、创新型人才。

一、将工匠精神融入社会主义核心价值观

　　核心价值观是一个国家或民族在特定时期中所追求的文化精神和价值理念。十九大报告指出："社会主义核心价值观是当代中国精神的集中体现，凝结着全体人民共同的价值追求。"培育和弘扬工匠精神必须立足于社会主义核心价值观，聚焦青年大学生普遍关注的问题，系统地研究新时代工匠精神的科学内涵，扣好理论的纽扣，构建理论框架，找准新时代工匠精神的理论支撑。努力践行社会主义核心价值观，真正讲深、讲透、讲明白，科学把握核心价值观与工匠精神的内在关联，为广大学生排解"理论之忧"，解决"思想之惑"。始终坚持"问题导向"，将工匠精神引入职业精神和专业精神的培育之中，结合当地文化特色和自身文化底蕴来制造工匠文化土壤，按照围绕学生、关心学生、服务学生的根本要求，进一步引领学生把个人成长成才与国家社会发展要求相结合，指导学生切实做好职业生涯规划，将工匠精神的培育落实到学习、工作的方方面面。工匠精神凝结了中华民族的伟大智慧，传承着传统文化的精华，内涵着中华民族锐意进取的精神。培育和弘扬工匠精神，满足新时代大学生成长和发展的需要与期望，帮助学生成长为一个既有德又有才的技能型人才，将个人的理想前途融入到民族和国家的事业中，用"中国梦"激扬"青春梦"。在践行社会主义核心价值观中，培养学生刻苦钻研的科学精神，淡泊名利的修养精神，一丝不苟的工作精神，精益求精的极致精神，从而激励自身、超越自我、感悟人生。

二、将工匠精神纳入学校教学内容

学校必须完善育人模式，将工匠精神纳入学校人才培养方案，通过采取丰富多彩的教学模式提升人才培养实效。例如传统课堂讲解、慕课在线开放式教学以及校外实践体验学习等方式，在教学中将工匠精神培育融入各个环节，促使课程资源共享，解决学生在创业实践、企业面试和职业定位等方面的问题，引导大学生形成爱岗敬业、深入钻研、不断创新的职业道德和素养，帮助大学生端正学习态度，激发学习创新精神，提高综合素养，从而树立正确的学习观、劳动观和就业观。

工匠精神作为教学内容，还要纳入专业课程学习之中。以培养工匠精神为目标的课程内容，通过对工匠的技艺的讲解和认识，使大学生在学习过程中了解和学习工匠精神，形成正确的劳动观和从业观，从而使得工匠精神得到良好的传承和弘扬，在潜移默化中影响学生的道德品格。以工匠精神为教学内容的课程应当重点培养学生的工匠之艺，不断提高自身的技术能力；培养学生的工匠之魂，精益求精锐意进取。同时还要在社会实践教学中让学生深刻体会工匠精神，例如邀请专业人士通过讲座或者现场演示的方法与学生进行交流互动，让学生近距离了解工匠精神，对工匠精神的内涵有更深入的体会，为更好的塑造自我行为，提升自我思想道德水平提供借鉴。

三、将工匠精神与市场需要相结合

产教融合是高校培养专业技术人才的重要方式。2014年《国务院关于加快发展现代职业教育的决定》特别强调，高校要密切产学研合作，培养服务区域发展的技能型人才。习近平总书记在十九大上强调："完善职业教育和培训体系，深化产教融合、校企合作。"由于高校技能训练场地有限，产教融合就成为了新时代培养高素质技能型人才的重要举措。高校实施产教融合，必须推动开放性办学与工匠精神的结合。目前，高校更倾向于采用前期在课堂上学习理论知识，从书本中了解基本的技能要求，后期通过与企业的合作，让学生顶岗实习，将自己所学的专业与从事的行业零距离对接，从而将工匠精神的培养过程融入到真实的生产和工作化的环境中。这不仅是培养学生技术技能、有效实现高院人才培养目标和企业人才需要的重要途径，也是通过实践培养学生工匠精神的重要平台。同时，在产教融合与工匠精神相结合之中，实现教学过程与生产过程的无缝对接，从而提高高校人才培养质量。在产教深度融合中，实现工匠精神的校企双重培养，促进校企合作共赢。

人才是实现民族振兴、赢得国际竞争主动的战略资源。中国社会发展背后是专业技术人才的竞争，必须大力培育和弘扬工匠精神，真正培养一批政治过硬、敢于担当、务实创新、技术精湛的优秀人才，为推动新时代中国社会发展进步注入更大内生动力。

↘ 课程实践

【活动名称】 图书管理分类，体验工匠精神

活动要求：

（1）了解书刊的分类、编制书目索引，以及各科书所在的具体位置。

（2）知晓图书馆管理细则，审查借阅者身份、维护图书馆秩序及防止偷书行为的方法。

（3）了解如何对购买的图书进行登记、盖收藏章、打分类号，归类、存列，整理书籍，按次序上架等基本工作，保证书籍排放整齐、正确。

（4）对工作内容要充分了解，做好应对工作的心理准备和服务技能准备

基本技能：

（1）掌握文献著录规则、编目及书目数据的相关知识，工作细致、踏实稳重，责任心强、勤奋、敬业，热爱文档管理工作。

（2）审查借阅者身份、维护图书馆秩序及防止发生偷书行为。

（3）办理图书借还手续，审查归还图书有无残损、污染，依规定对损坏图书行为进行处理；生成催还图书报表，敦促逾期借书者还书，对逾期者按规定罚款。

影视推荐

电影《匠心》

影片于 2019 年陆上映，主要讲述了青年设计师陆曦机缘巧合回到故乡木雕小镇，重拾祖孙情与匠心精神的故事。《匠心》从情感和传承入手，讲述人与人之间的情感以及人与社会之间的交流，深刻阐释了老一辈匠人的吃苦耐劳和一丝不苟的匠心精神，旨在为时代重新唤醒工匠精神。

思考题

1. 工匠精神的内涵是什么？

2. 弘扬工匠精神有什么时代意义？

3. 作为大学生，应该如何践行工匠精神？

第五章 家务劳动

↘ 学习目标

1. 掌握洗衣、熨烫、缝补等基本知识，学会整理衣物。

2. 了解中国饮食文化，掌握烹饪的基本知识和技能。

3. 了解起居常识，学会保持设施整洁有序的方法。

4. 掌握家庭保健、日常维修的基本知识。

5. 从小事做起，培养良好的生活习惯。

课程导入

2020年1月，湖北襄阳一位刘女士在朋友圈招聘保姆以照顾自己上大学的女儿。这件事引发网友热议。刘女士称自己平时很忙，没有时间照顾女儿，而女儿虽然上大学了，但是从小没有做过家务，所以想找一个保姆照顾她。

假设刘女士是给自己家里请保姆，绝不会引发如此大的热议。那么，刘女士的做法到底哪里不对，才会惹来争议？

大学生过的是集体生活，属于自己的"一亩三分地"也就是宿舍里的书桌和床，所谓家务活无非就是生活自理罢了。如果这些事都不会做、不愿做，称为"低能"也不为过。而"从小没做过家务"的说法，更说明这个家庭对劳动教育完全懵懂。

哈佛大学曾经有过一项历时70多年的"格兰特研究"，探讨一个人的成功因素究竟是什么。结论表明，如果关心孩子们的职业成功，那么就要为孩子们提供两个基础：爱和家务活。

想一想

你赞同这位家长的做法吗？为什么？

家务劳动是指家庭成员在日常的家庭生活中必须从事的一种无报酬劳动。

联合国教科文组织提出21世纪教育的核心是"学会生存"。劳动是人类生存的最基本的活动方式，劳动是做人的根本，而家务劳动则是做人的第一步。许多家庭对孩子非常关心，衣食住行全包，使孩子失去了，成为家庭的"寄生虫"。殊不知孩子长期处于一个优越而特殊的位置，是极不利于性格、品质、思想等素质的提高的。这样的孩子在人际关系上不知道尊重他人，不会谦让；在生活中，依赖、懒散、拖沓；在困难面前，颓废、消沉、畏缩、逃避、束手无策。长期下去，这样的孩子是无法面对生活、面对社会、面对未来的。

在德国，法律规定10～14岁的孩子要在家里修草坪、洗碗、扫地，给全家人擦皮鞋；14～16岁的孩子在家里要洗汽车，整理花园；16～18岁的孩子每周要给家庭大扫除一次。若孩子完不成劳动任务，家长可以去法庭申诉，要求法庭督促孩子履行法律规定的义务。在日本，物质充裕，却少有人娇惯孩子。一个4岁的孩子就能做到生活基本自理，大一些的孩子必须学会擦桌椅、收放餐具等家务劳动。在美国，做家务是孩子挣零用钱的主要方式之一，他们的口号是"要花钱，自己挣"。

第一节　衣着知识

"不会""我有更重要的事情做"等等不该是我们拒绝家务劳动的借口，而应是我们学习、践行家务劳动的动力。我们应该从洗衣、熨烫、针线活、收纳等方面学起，在日常生活中养成好的劳动习惯。

一、洗衣常识

（一）洗衣要分类

洗衣服时，不仅要按颜色分类，还要看衣服的材质、种类。颜色方面，衣物可分为纯白色、浅色（包括带白色条纹的衣物）、深色（黑、蓝、褐等）、艳色（红、黄、橙等）四类；材质方面，一定要将毛绒多的衣物（毛巾、毛衣、灯芯绒衣物等）和容易起球的衣服分开洗，避免把衣服洗坏；贴身衣物，如内裤、秋衣裤等，要单独洗涤。

知识贴士

内衣清洗常识

1. 手洗更健康

洗衣机的内壁和滚筒里藏有许多污垢和细菌。内衣在机洗过程中，容易受到污染。内衣一般相对较小，手洗会洗得更加干净、彻底。

2. 肥皂更安全

肥皂具有良好的杀菌去污效果，且不伤皮肤，是手洗内衣的首选。如果有条件，我们还可以选购超市中专门用于清洗内衣的内衣皂，这种肥皂的抑菌效果更好，性质更温和。

3. 少用消毒液

消毒液虽然具有很强的杀菌消毒能力，但对皮肤的损害很大，在清洗贴身衣物时，应尽量避免使用消毒液。

（二）水温应合适

通常来说，水的温度越高，去污效果越好。但要注意，并不是所有衣服都适合用热水洗，我们洗衣服的时候要先看衣服上面的标签再洗。一般情况下，内衣、床单等要用60℃以上的热水洗，丝质、羊毛织物等物品应用冷水洗。

（三）洗衣液的用量应适度

在使用洗衣液前，应先阅读洗衣液的使用说明，明确洗衣液与水的比例。洗衣液的用量过少，将无法达到去污效果；洗衣液的用量过高，不但会浪费资源，还会产生残留。一般来说，洗衣液的用量稍低于说明书的推荐值即可。

（四）洗衣机不能塞太满

有人喜欢凑一堆脏衣服，把洗衣机填满再洗，以为可以省水省电，殊不知，这样不但容易洗不干净，还会缩短洗衣机的使用寿命。衣物体积最多只占洗衣机滚筒体积的 2/3。

二、熨烫技巧

（一）熨烫步骤

（1）熨烫机内注水。注水时应往熨烫机内灌注冷开水，以减少水垢的产生，避免喷气孔堵塞。

（2）选择温度。熨烫机上一般会有调节温度的旋钮，使用时可根据衣物的材质选用不同的温度，也可根据衣物上的熨烫标识选用合适的温度。

（3）熨烫。熨烫过程中应保持衣物平整，以免熨烫过后衣物再次留下褶皱。同时，应在水温达到所调温度后再开始熨烫，因为在温度条件不够时，无法形成水蒸气。

（4）熨烫完的衣服不要马上挂入衣柜，而应先挂在通风处，待衣服完全干透之后再挂进衣柜，以免衣物发霉。

（二）不同布料衣物的熨烫方法

1. 棉麻衣物的熨烫方法

熨烫温度：160℃ ~ 200℃。

熨烫手法：①动作敏捷，但不能过快；②往返不宜过多；③用力不宜过猛；④熨烫淡色棉麻织品时应保持匀速，以免衣料发黄。

2. 丝质衣物的熨烫方法

熨烫温度：110℃ ~ 120℃。丝质衣物需低温熨烫，过高的温度容易导致衣物褪色、收缩、软化、变形，严重时还会损坏衣物。

熨烫手法：①垫布熨烫，或熨烫衣物反面；②熨烫时，熨烫机要不断移动位置，不能在一个地方停留时间过久，以免产生烙印水渍，影响衣物美观。

3. 皮衣的熨烫方法

熨烫温度：80℃以下。

熨烫手法：①垫干燥的薄棉布进行熨烫；②熨烫时用力要轻，以防烫损皮革。

4. 毛织衣物的熨烫方法：

熨烫温度：薄款150℃以下，厚款200℃以下。

熨烫手法：①先将湿布盖在布料上，再熨烫；②熨烫时，熨烫机应平稳地在衣服上移动，不宜移动过快。

5. 合成纤维衣物的熨烫方法

合成纤维种类繁多，不同的合成纤维衣物的耐热程度也各不相同。初次熨烫前可先找衣物里面不明显的部位试熨，在掌握了适合的熨烫温度后再进行大面积熨烫。

三、针线绝活

做好针线活的前提是要学会常用的针法。缝制衣物常用的针法有平针法、锁边缝、藏针法、缩缝法等。

（1）平针法是最基础的针法，也是最常用的针法。这种针法主要用于拼接布料和缝制布料的轮廓。缝制时要注意针脚间隔均匀，间隔一般为3mm左右，也可根据实际情况调整。

（2）锁边缝一般用于缝制织物的毛边，以防织物的毛边散开。

（3）藏针法一般用于两块布料的缝合。这是一种很实用的针法，能够有效隐匿线迹，常用于衣服上不易在反面缝合的区域。

（4）缩缝法可以在缝制过程中拉出松紧度，一般用于缝制缩口。

📖 探究与交流

情景一：小明在体育课上跑步时不小心摔倒了，磨破了裤子。

情景二：母亲节马上到了，小菲想亲手制作一个荷包送给妈妈。

想一想，上述两种情景中，小明和小菲分别应采用哪种针法？

四、衣服收纳

各式各样的衣服随意堆放在衣柜里，既不美观也不便于拿取。那么，应如何合理使用衣柜空间收纳衣服呢？

（1）应将衣物按照样式进行分类，如分为裤子、裙子、衬衫、短袖、毛衣、外套、内衣裤分门别类。

（2）将分类好的衣服一一折叠。

小技能：

常用的叠衣服步骤

（1）将衣服正面朝下平铺。

（2）将左侧衣袖及部分衣身从肩膀一半处向右侧折叠。

（3）将左衣袖向下折叠。

（4）右侧衣袖重复第二步。

（5）继续重复第三步。

（6）将衣服向上折叠至2/3处。

（7）再向上折叠至衣领处。

（8）反过来看下，衣服就叠好了。

（3）将折叠好的衣服按季节进行分类。属于当季的衣服，可放于衣柜中易于拿取的位置；属于其他季节的衣服，可放于衣柜顶层或收纳盒、收纳袋中。另外，内衣裤、袜子等小衣物可放于抽屉中收纳。

（4）衣柜没有隔断时，可以加上衣柜隔板，划分出合适的区域，充分规整空间。此外，还可以在衣柜中放一些多层收纳挂筐，这样既充分利用了收纳空间，又能将贴身衣物、帽子、包等分类收纳。

📖 拓展阅读

疫情期间做家务，在劳动中成长

武汉某科技大学能源工程专业的黎某，是重庆忠县人。为了分担父母家务劳动的压力，她不但主动揽下每日三餐和洗碗的任务，还带着初中的弟弟一起参与家庭劳动。

弟弟抱着好奇的心态，跟着她做了几天，就想"罢工"。她对弟弟说："我们长大了，应该主动做一些力所能及的事，减轻父母工作之余的家务负担。"在她的带动下，弟弟坚持了下来。

对黎某来说，难度最大的就是做午饭。因为周一到周五，每天上午的网课接近十二点才结束。为不耽误父母下午的工作，她需要有规划地提前做饭，还要预先想好当天炒什么菜，才不会出现手足无措的情况。

"做家务是最基本的劳动，即使是做饭洗碗，我觉得自己在其中也有很多收获。"她说，"我想学习和劳动应该是一样的，需要提前做好规划，再进行多次的实践和练习，才能有进步。"

第二节　饮食知识

做饭这样的小事，对于即将迈入社会的大学生，也能考验其人的独立生活能力。从家常菜到营养均衡、色味俱佳的佳肴，做饭不仅是一项生活技能，更能让我们享受烹饪的乐趣，用美食调剂生活。

一、饮食文化

我国地大物博，在饮食上总体呈现出风味多样、讲究美感、食医结合等特点。

（一）风味多样

我国幅员辽阔，物产丰富，各地区由于气候、物产、习俗、生活环境等的不同，发展出了各式各样、具有地方风味和特色的菜系，其中最著名的有川菜、鲁菜、粤菜、闽菜、苏菜、浙菜、湘菜和徽菜八大菜系。各个菜系在原料选用、烹调技艺、口味等方面特点鲜明。

📖 拓展阅读

八大菜系的来源

菜系是在选料、切配、烹饪等技艺方面，经长期演变而自成体系，具有鲜明的地方风味特色，并为社会所公认的饮食的菜肴流派。

早在商周时期，中国的膳食文化就有了雏形，以太公望最为代表，再到春秋战国的齐桓公时期，饮食文化中南北菜肴风味就表现出差异。到唐宋时，南食、北食各自形成体系。到了南宋时期，"南甜北咸"的格局形成。发展到清代初期时，鲁菜、川菜、粤菜、苏菜，成为当时最有影响的地方菜，被称作"四大菜系"。到清末时，浙菜、闽菜、湘菜、徽菜四大新地方菜系分化形成，共同构成中国传统饮食的"八大菜系"。

（二）讲究美感

我国菜系众多、菜品多样，但无论哪种菜系，都追求色、香、味俱全。菜的色彩、卖相是运用各种食材、配料和烹调方法，调配好一道菜肴的色彩，是一种让食物赏心悦目的艺术。

（三）食医结合

我国烹饪讲究食医结合，认为食物与医疗保健有着密切的联系，在几千年前就有"医食同源""药膳同功"的说法。许多食物原料都具有药用价值，利用这些原料做成的菜肴，不仅美味，还能达到防治疾病的目的。例如，绿豆具有清热解暑、止渴利尿的功效；苦瓜具有清热解暑、明目解毒的功效；胡萝卜具有补肝明目、清热解毒的功效；梨具有清热镇静、化痰止咳的功效；等等。

📖 拓展阅读

做饭——生活的必备技能

陈某某刚到韩国留学一年，她说："我以前从不记账。来到韩国之后，发现餐厅的价格格外高，街边普通小店里，一份水煮肉片的价格都能高出国内餐厅的2倍。来韩国前，我不会做饭，即使父母催促我学习，我也会找借口推脱掉。"陈某某回忆道，"以前的我从来不进厨房，在家连天然气炉都不敢开。但是来到韩国之后，我发现必须要学做饭，因为它的确是生活的必备技能。"

"当然，我得到了朋友的帮助。在和朋友们一起做出一顿饭的过程中，我发现做饭原来是一件很快乐的事情。"陈某某说。

从"十指不沾阳春水"到"越来越喜欢探索做饭的技巧"，陈某某有许多难忘的经历："刚开始学做饭的时候，鸡蛋被炒成黑色。但我想，如果学会几道拿手菜，就可以请认识的韩国朋友和同学到家里来聚餐，于是就有动力坚持下来了。"

"大家聚在一起做饭聊天，也是让合租舍友迅速'破冰'的最好方法。"陈某某说，"我的舍友分别来自英国、印度、西班牙等5个国家。中国饮食花样众多，第一次聚餐的时候，我给舍友演示包饺子和包子。她们都非常惊奇，直夸我手法专业，还加入进来跟我一起做。"

陈某某分享道："我喜欢召集很多小伙伴一起做饭。因为韩国物价较高，多一些人可以多一些选择，而且花费平摊下来也更划算。有时候通过这种方式还能认识新朋友。来聚餐时，很多同学都会叫上自己的朋友一起来，既能吃饱吃好饭，又能通过一起做饭、一起打扫的过程，相互熟悉，从而扩大了交际圈。"

二、饮食健康

烹饪不应仅关注美味，更应该做到营养均衡。均衡的膳食、合理的营养搭配不仅可以保证人体正常生理功能的需要，还可以提高机体的抵抗力和免疫力，有利于预防和控制某些疾病的发生与发展。

根据中国营养学会编制的《中国居民膳食指南（2016）》，一般人群的膳食可遵循以下六个原则：①食物多样，谷类为主；②吃动平衡，健康体重；③多吃蔬果、奶类、大豆；④适量吃鱼、禽、蛋、瘦肉；⑤少盐少油，控糖限酒；⑥杜绝浪费，兴新食尚。

中国居民平均膳食宝塔

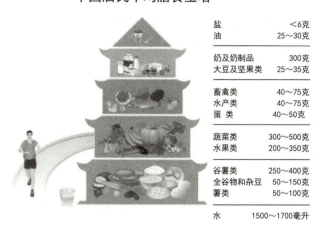

盐	<6克
油	25～30克
奶及奶制品	300克
大豆及坚果类	25～35克
畜禽类	40～75克
水产类	40～75克
蛋　类	40～50克
蔬菜类	300～500克
水果类	200～350克
谷薯类	250～400克
全谷物和杂豆	50～150克
薯类	50～100克
水	1500～1700毫升

三、烹饪基础

（一）烹饪原料

烹饪的原材料可分为蔬菜、水产品、畜禽、粮食作物和果品五类。

（1）蔬菜是人体维生素、矿物质和膳食纤维的主要来源。

（2）水产品富含蛋白质、脂肪、矿物质和维生素。

（3）畜禽是人体优质蛋白、脂类、脂溶性维生素和 B 族维生素的主要来源。

（4）粮食作物是对谷类作物、薯类作物和豆类作物的总称。谷类作物主要为人体提供淀粉、植物蛋白、维生素等；薯类作物主要为人体提供淀粉、维生素等；豆类作物主要为人体提供蛋白质、脂肪等。

（5）果品主要为人体提供维生素、矿物质和人体所需的微量元素。

📖 拓展阅读

各种营养物质的作用

维生素：维生素具有调节代谢的作用。在维生素充足的情况下，人体的代谢会更加完全。例如，维生素 D 能够促进钙质吸收，维生素 C 能够促进铁质吸收。

蛋白质：蛋白质可以为人体提供能量和热量，不但有利于骨骼健康、预防骨质疏松，还可以提高肌肉质量和力量。

脂肪：脂肪具有储存和供给能量的作用，还有保持人体体温、固定内脏的作用。

矿物质：矿物质包含铁、钙、镁、锌等，是构成人体骨骼、牙齿等部位的重要元素。需要注意的是，矿物质只能从膳食中获取，不能由身体自行合成。

> 淀粉：淀粉在人体内会被分解成葡萄糖，葡萄糖可以为人体肌肉运动和其他器官的活动提供能量，以保证人生活的正常进行。
>
> 膳食纤维：膳食纤维能够促进肠道蠕动，具有预防超重和肥胖的作用。

（二）烹饪调料

烹饪常用的调料有油、盐、酱油、醋、料酒等。

1. 盐

盐是最基础的调料，素有"百味之王"之说。在菜肴中加入盐，不仅有增鲜味、解腻的功效，同时还有杀菌防腐作用。

盐一般分为精盐和粗盐，精盐是经过加工而成的颗粒细小，洁白无杂质的盐，日常烹调菜肴时使用。粗盐是天然的大粒海盐，一般用来腌制咸菜、肉类等食品，可以增添咸鲜的味道和延长食品保存期限。

2. 油

油在烹饪中有重要作用。油的传热作用可以缩短食物的烹调时间，使原料保持鲜嫩或酥脆。由于油温不同，还可以使菜肴呈现出洁白、金黄、深红等不同颜色。油分子渗透到原料的内部，使菜点散发出诱人的芳香气味，从而改善菜肴的风味，使得菜肴润滑可口，并且补充某些低脂肪菜肴的营养成分，从而提高菜肴的营养价值。

一般使用的有花生油、菜籽油、大豆油、玉米油等。

3. 酱油

酱油是一种色、香、味俱佳而又营养丰富的调味料，其中氨基酸的含量多达 17 种，此外，还含有各种 B 族维生素和棕红色素。

酱油按照提取时间不同可以分为生抽和老抽。生抽颜色较淡，在炒煎蒸煮或凉拌时，按照需要加入适量酱油，就会使菜肴色泽诱人，香气扑鼻，味道鲜美。老抽是在生抽的基础上，再晒制 2 ~ 3 个月，经沉淀过而成，颜色很深，呈棕褐色。老抽一般用来给食品着色用，如做红烧等肉类菜肴要上色时使用比较好。

4. 醋

醋不适宜单独使用，因为醋的酸味不像咸味和甜味可以单独构成一种美味，醋能与多种味道交融组合。醋在烹调的作用主要是：调和菜肴的滋味，增加菜肴的香气；能够调节和刺激食欲，促进消化和吸收；在原料加工中可防止某些果蔬类"锈色"的发生；在炖肉时加点醋，可以使肉类食品更容易熟。

醋有陈醋、香醋、米醋、白醋等几种。陈醋色泽黑紫，醋香浓郁，适合烹制凉拌菜，可以增加菜肴的鲜香。香醋酸而不涩，香而微甜，适合佐食包子、水饺或炒螃蟹、虾等海鲜。米醋酸味纯正，香味柔和，适合炒制菜肴或者烹制海鱼时使用。白醋用于烹制本色菜肴和浅色菜肴。

5. 料酒

料酒可以增加食物的香味，去除鱼、肉类的腥膻味，增加菜肴的香气，有利于咸甜各味充分渗入菜肴中，还可以减少烹饪对蔬菜中叶绿素的破坏。另外料酒富含人体需要的 8 种氨基酸，可以为人体提供有益的营养成分。

料酒的种类有啤酒、白酒、黄酒、葡萄酒等。最常用的料酒是添加黄酒、花雕酿制的料酒，其酒精浓度低，含量在 15% 以下。

6. 糖

糖在烹调中不光可以增味，还有去腥、解腻、提鲜的作用，烹饪时糖的甜味如果调配得当，可以让菜肴更有味道。

糖分白砂糖、绵白糖、红糖、冰糖等几种。白砂糖是洁白有光泽的细小颗粒，用于烹制菜肴时的佐料，或饮料的甜味剂。绵白糖质地绵软、细腻，结晶颗粒细小，用于一般饮品、点心及其他糖制食品，或作为拌凉菜时用的调味料。红糖是甘蔗经榨汁和澄清处理后，

经浓缩煮炼制成的糖，用于煮甜食或者甜品。冰糖是清白色或黄色的大块结晶体，有滋阴生津、润肺止咳的功效，用来烹制滋补类的食品。

（三）火候

烹饪时的火候一般根据两种方式确定：

（1）根据原料的质地确定。原料质地较软、嫩、脆的，多用旺火速成；原料质地较硬、老、韧的，多用小火长时间烹调。

（2）根据烹调的技法确定。炒、爆、烹、炸等技法多用旺火速成；烧、炖、煮、焖等技法多用小火长时间烹调。

📖 拓展阅读

学子的美食荟萃之旅

2020 年新冠肺炎疫情期间，石家庄某大学将"在线上课"与"居家劳动"紧密结合，发起了一项"晒美食"活动。众多学子纷纷亮出自己的"绝招"，开始了一场美食荟萃之旅。

一道菜就是一道文化，一道菜就是一部"舌尖上的中国"。新疆的大盘鸡、山西的臊子面、贵州的炸土豆片、湖南的红烧肉、湖北的热干面……学生们来自祖国各地，虽然中间隔着万水千山，但都在通过展示自己的劳动成果传递着家乡菜的文化，进行着文化和感情的交流。

来自辽宁丹东的李某，因为喜欢做饭，经常晒自己做的美食，人送外号"李

厨"。疫情期间，他更是没有停下做菜的脚步，水煮鱼、酒煮蛤蜊、油炸鸽子、东北乱炖……"在延期开学的日子里，家里的饭基本都是我做的。我们不能缓解父母的经济压力，那就多承担一些家务劳动，减轻父母的劳动负担。"李某说。

作为此次活动发起人之一的辅导员李老师也化身"厨神"，晒出了自己的厨艺，给同学们做出了榜样。"身教胜于言传，在做一件事情之前，不去谈意义，而是动手踏踏实实地去做，哪怕只学会了一个西红柿炒鸡蛋，那也是增加了一项生活技能。"李老师说。

📖 **探究与交流**

你还知道哪些关于烹饪的知识或技巧？跟同学们分享一下吧。

第三节　起居常识

作息规律，在日常生活中养成做家务的习惯，保持屋舍整洁，物品井然有序，过一种"有序"的生活，能让我们容光焕发、心情舒畅，对我们的学习和工作有很大的促进作用。

一、作息习惯

研究表明，科学、合理、规律的作息能提高人体的免疫力，降低疾病发生的概率。在安排作息时间时，见表5-1所示。

表5-1　合理的作息时间表

时间段	作息安排
6:30～7:30	起床伸展腰肢，呼吸新鲜空气，喝杯温水，为一天的工作做好准备
7:30～9:00	吃早餐。这个时候时间再紧也要吃早餐，因为它可以帮助我们维持血糖水平的稳定，为上午的工作补充能量
9:00～11:00	这个时间段是工作和学习的第一个黄金时期。大部分人在这两个小时内头脑最清醒、思路最清晰，因此可以开展工作和学习中较困难的部分
11:00～12:00	吃点水果。在经过一上午的工作和学习后，我们的血糖会有一些下降，可能导致无法专心工作。此时可以吃点水果，及时补充血糖
12:00～13:00	吃午餐。丰富的午餐能为身体增添能量，以保证身体的能量所需

续表

时间段	作息安排
13:00～14:00	午休。每天保证 30 分钟的午休会使人精力充沛，还能起到保护心脏的作用
15:00～17:00	这个时间段是工作和学习的第二个黄金时期。此时身体和大脑都处于一天的巅峰状态，应该做细致而密集的工作
18:00～19:00	吃晚餐。晚餐应该多吃蔬菜，少吃富含卡路里和蛋白质的食物。同时要注意，晚餐应少吃，吃太多会引起血糖升高，并增加消化系统的负担，影响睡眠
19:00～21:00	可根据个人需求进行体育锻炼，这样既可以消耗晚餐热量，也能轻松瘦身
20:00～22:00	看书或休息
22:30	上床睡觉。每天应尽量保证 8 个小时的充足睡眠

二、物品摆放

（一）分类收纳物品

常用的物品放在显眼处，不常用的物品收纳在柜子内。例如，厨房内台面上放置油、盐、酱、醋等常用物品，备用油、盐等放在橱柜中；将每天使用的拖鞋置于易拿取处，换季的鞋子放在不易拿取处；将每天出门需要换的衣服、帽子等挂在随手可拿的地方，换季的衣服放在柜子里或收纳箱中。

（二）借助收纳盒

厨房的抽屉内，可配置大小合适的分餐盒，将筷子、勺子等分别置于其中；书桌的抽屉内，可以借助不同的小盒子划分区域，使小物件井然有序。

（三）垂直收纳

利用家或寝室内空着的墙面收纳物品。例如，在书桌的上方放置两层或者三层的隔板架，在厨房墙面悬挂收纳篮等。

（四）利用好角落空间

沙发、餐厅、卧室等地的角落是很好的收纳空间，好好利用这些角落空间（如放置移动的收纳架），不仅不会使我们的住处显得拥挤，还会营造出一种特别的美感。

三、其他起居常识

（一）饭前洗手

"病从口入"这是人们都能理解的，然而，不少病却是经过手而入口的。生活、工作中的各种活动，都要用手去处理。手沾染细菌及各种致病因子的机会自然增多。

有人对手上的细菌做过检查，就痢疾杆菌来说，手的带菌率相当高，报告达15%左右，日本报告达8.2%。每个人手上的皮纹里、指甲沟与指甲盖边缘，都可能带几十万乃至几千万个细菌。有些人的指甲又长又黑，里面的细菌数就更多了。手上可能沾有的细菌种类也非常多，几乎所有引起肠道传染病的细菌，手上都可能有。痢疾、各种食物中毒、传染性肝炎、伤寒、霍乱等都可能经手传染。很多肠道寄生虫病（蛔虫病、蛲虫病、鞭虫病等，即使是呼吸道传染）病，如肺结核、流感等，也都有可能经手来传染。

饭前便后洗手是阻断细菌入口的关键，养成饭前便后洗手的良好习惯，是防病强身的一件大事。

（二）趴伏着不利健康

夏天到了，学生上了4节课以后，如能进行适当的午休，便会很快恢复体力和精力，对身体健康大有好处。但在许多学校，学生们都是伏在课桌上午睡，这很不科学。

首先，趴在桌子上睡觉姿势不正确，不仅影响胸廓扩张，限制肺活量，使吸入的氧气减少，而且使脊柱难以保持正确的位置，不利于身体的生长发育，甚至可造成脊柱畸形。

第二，趴在桌子上睡觉，眼睛贴压在胳膊上，使眼球受压，前后径变短，使物像落在视网膜后方。所以，刚刚睡醒时视物模糊。尽管这是暂时现象，过一会儿还能恢复正常，但压迫眼球，会危害眼睛。

第三，由于趴在桌上睡觉，会使身体的某些肌肉处于紧张状态而不能得到充分休息。同时，头部压迫双臂，会因血液循环不畅，神经受压而使双臂、双手发麻、刺痛。同时臀部、下肢，均会产生麻木不适症状。

（三）睡眠时间不宜过多

睡眠对每个人来说都十分重要。但是，睡眠时间过长，对人不但无益反而有害。

运动生理学家研究认为，床上休息有严重消除体能的后果。睡6小时后，心脏的跳动降低到基本率，新陈代谢减慢，肌肉松弛，整个身体开始失去强壮性。睡得过多，会使人懒惰和智力下降。一个人如果3天不活动，体力就会下降5%左右。因此，成年人每天睡7～8小时就足够了。如果想用增加睡眠时间来获得健康，那将会适得其反。

（四）不能长时间使用日光灯

现代科学研究表明，使用日光灯对健康有害处。剑桥大学医学研究中心应用心理学博士阿诺德·威尔基斯认为，日光灯是偏头疼的主要病因，虽然人们看不到日光灯的闪烁，但这种闪烁确实存在，并不断地影响人的眼睛，因此长时间生活在使用日光灯的房间里，人们的眼睛会感到疲劳，并引起偏头痛，有时还会导致心动过速。

（五）长期空腹过久易引起胆结石

空腹使胆汁分泌减少，而且胆汁的成分也发生变化：胆汁中胆酸的含量减少，而胆固醇的含量不变，因此形成一种含高胆固醇的胆汁。如果长期空腹过久，胆汁中的胆固醇就会出现过饱和的状态，从而使胆固醇在胆囊中沉积，形成结晶，即胆固醇结石。倘若一个人原来就有胆酸分泌不足，或胆固醇分泌过多，那么空腹过久，就更容易形成胆结石了。

第四节　家政管理

除了学习基础的家务劳动，我们还应该适当掌握一些家庭财务管理相关的知识和家居日常维修技能，以备不时之需。

一、财务管理

（一）收支平衡

每个人每月收入基本能估算，开支要根据自己的收入有计划进行，花钱一定要有计划。收入要大于支出，不能入不敷出，这就是收支平衡点问题，千万别做月光族。

例如下表是月度的收支状况表，学生可根据此表进行填写计算。

表 5-2　月度收支状况

收入		支出	
生活费		食宿	
家教		学费	
勤工助学		学习用品	
奖学金		交通费	
理财		电话费	
其他		其他	
合计		合计	
收支情况			

坚持计划消费，就可以少花很多不必要的钱，约束自己的消费档次，限制高消费，限制不必要开支，养成理性消费、勤俭节约的好习惯。

（二）记账

记账就是把个人发生的所有经济业务运用一定的记账方法在账簿上记录。生活中一般记流水账，记账是一个好习惯，可以把收入和支出以书面的形式记下来，清楚钱是怎么挣来的，又花到了什么地方去。可以对照去年和今年的账，看看有什么钱是该花的，有什么钱是不该花的，了解支出的种类，区分刚性需求和弹性需求，合理规划支出。

二、家庭维修技能

家用电器、家具等常常会随着使用频率、使用时间的增加而出现这样那样的问题，对于其中的一些小问题，我们完全可以自行修理解决，不必找专门的维修工人上门维修。

（一）冰箱不制冷

冰箱出现不制冷的情况时，应首先检查冰箱的电源插头是否牢固，若电源插头没问题，则可能是由冰箱的内出水口堵塞或冰冻造成了冰箱不制冷。此时，我们可以使用一根有一定硬度的细棍疏通冷藏室的后壁出水口。

（二）实木家具出现裂缝

实木家具如因热胀冷缩出现裂缝，可采用以下补救措施：①将旧棉布或破麻袋烧成灰，然后与生桐油搅拌成糊状，嵌补到木器的裂缝中，阴干后即可补平裂缝；②将撕碎的报纸加些明矾和清水煮成稠糊状，冷却后涂于木器的裂缝中即可将其补平。

（三）家用燃气灶打不着火

家用燃气灶打不着火很可能是因火盖、火孔被堵塞，或燃气灶电池没电造成的。遇到燃气灶打不着火的情况时，可以先用牙签、抹布等清理火盖和火孔，清理完仍打不着火的情况下，可尝试更换燃气灶的电池。

> **📖 探究与交流**
>
> 你还会哪些家居日常维修技能？跟同学们分享一下吧。

↘ 实践活动

【活动名称】争做家务小能手

请根据自己家庭的具体情况制订家务劳动计划，并严格执行计划。用 PPT 或短视频的形式记录劳动过程，并在班级内展示、比拼。

【过程记录】

具体计划：＿＿＿＿＿＿＿＿＿＿＿＿＿＿＿＿＿＿＿＿＿＿＿＿＿＿＿

计划实施情况：＿＿＿＿＿＿＿＿＿＿＿＿＿＿＿＿＿＿＿＿＿＿＿＿

计划实施难点及解决方案：_____

家长点评：_____

【结果评价】

教师可根据学生制订的家务劳动计划及实施情况进行评价。

争做家务小能手"家务劳动计划及实施情况评价表

评价标准	分值	分数小	教师评价
计划切实可行	10 分		
计划有层次，目标有阶梯	10 分		
积极主动，能够按计划做家务	25 分		
做家务时认真仔细	25 分		
家务完成出色	30 分		

1. 积极参加家务劳动有什么意义？

2. 衣物如何使用和保养？

3. 饮食如何搭配才更营养？

4. 日常生活中应注意养成哪些良好的习惯？

第六章 校园劳动

↘ 学习目标

1. 理解生态文明建设的内涵，培养环保意识。
2. 掌握绿化环保行动的要点。
3. 践行低碳校园生活的方法。
4. 掌握垃圾分类的标准、原则和投放要点。
5. 掌握共建无烟校园和维护校园环境秩序的方法。
6. 从小事做起，学会寝室美化，养成劳动的习惯。

 **课堂导入**

劳动成为必修课

　　某高校设置劳动必修课，内容涉及打扫校园清洁卫生、门岗执勤、学校食堂餐盘清理、参与校园绿化维护等，劳动教育直接与学分、学时挂钩，每学期上满24学时，才能获得2个学分。

　　对此，学校解释说，这是学校人才培养教育的内容之一，旨在培养学生劳动意识。为开展劳动必修课，学校不仅没有减少开支、减少后勤人员，还拨付专用资金购买劳动工具，安排专门辅导老师指导课程。

　　参加劳动教育必修课的邓同学表示，平时在家她也会做家务，觉得劳动课的方式很好，因为所学专业经常抱着电脑"敲"代码，课余生活比较单调，参与劳动可以调节生活，在食堂劳动的时候和阿姨聊天也很开心。"昨天我们小组干完活后，拍了大合照，我还主动发给家人看，他们说挺好的。"邓同学说。

　　另外一名同学也表示认同学校将劳动教育安排成强制性课程的决定，自己把这样的课程当成一种体验，加上劳动课程时间不长，在可接受的范围内，既可以锻炼自己的能力，也能体到劳动不易。

想一想

（1）你如何看该校的劳动必修课？

（2）你认为劳动必修课的出发点是什么？你希望从其中收获什么？

　　劳动教育是国民教育体系的重要内容，是学生成长的必要途径，具有树德、增智、强体、育美的综合育人价值。实施劳动教育重点是在系统的文化知识学习之外，开展校园劳动必修课，有目的、有计划地组织学生参加日常生活劳动、生产劳动和服务性劳动，让学生动手实践、出力流汗，接受锻炼、磨炼意志，培养学生正确劳动价值观和良好劳动品质。

第一节　培养校园环保意识

　　生态环境保护是功在当代、利在千秋的事业。我们要清醒认识保护生态环境的紧迫性和艰巨性，清醒认识加强生态文明建设的重要性和必要性，做绿化环保的践行者。

一、勤俭节约

"勤以修身，俭以养德。"谈起节约，从古到今，有"谁知盘中餐，粒粒皆辛苦"的古诗，有"历览前贤国与家，成由勤俭败由奢"的古话，有"一粥一饭当思来之不易"的古训，勤俭节约是中华民族几千年的传统美德。改革发展的今天，又提出加快建设节约型社会，事关现代化建设事业，事关人民群众根本利益，事关中华民族生存和长远发展。使"勤俭节约"这个古老而又年轻的命题，又一次被赋予新的历史使命，走进了千家万户。国家倡导建设节约型社会，校园作为社会团体不可或缺一员，那么节约资源就应从我做起。

二、保护环境

习近平总书记指出："我们既要绿水青山，也要金山银山。宁要绿水青山，不要金山银山，而且绿水青山就是金山银山。"这一论断深刻地体现了习近平总书记把保护生态放在首位的鲜明态度和坚定决心。

地球是人类唯一的家园，在茫茫的宇宙中，除了地球之外，目前尚未发现其他适合人类生存的星球。在这个家园里，除了人之外，还有各种各样人类所赖以生存的生命和物质：花草树木、虫鱼鸟兽、空气、水等。这些生命和物质与人类一起构成了这个和谐的地球。

地球给了所有生命一个适合生存的支持系统——水、空气、光、热以及各种能源等。如果这样的支持系统遭到破坏，不只是动植物的生存环境会受到破坏，包括人类在内，也会遭到不同程度的影响。

所以，只有保护环境，保护我们赖以生存的地球，才能保护我们人类自己，才能使人类的文明发展得更远，让人类的生活环境更舒适。

📖 拓展阅读

党的十九大报告首次将"美丽"作为社会主义现代化强国的限定词之一，提出"为把我国建设成为富强民主文明和谐美丽的社会主义现代化强国而奋斗"。

建设生态文明是中华民族永续发展的千年大计。必须树立和践行"绿水青山就是金山银山"的理念，坚持节约资源和保护环境的基本国策，像对待生命一样对待生态环境，统筹山水林田湖草系统治理，实行最严格的生态环境保护制度，形成绿色发展方式和生活方式，坚定走生产发展、生活富裕、生态良好的文明发展道路，建设美丽中国，为人民创造良好生产生活环境，为全球生态安全作出贡献。

📖 探究与交流

谈谈你对环境保护的认识。

↘ **知识链接**

如何做环保行动派？

1. 节约用水

（1）用盆和桶接水来洗东西比直接用水冲洗更省水。

（2）淘米水可用来洗菜或洗碗，洗完菜的淘米水可用于浇花。

（3）菜先拣后洗，能够避免浪费水。

（4）将老式旋转式水龙头换为节水龙头。

（5）洗衣机漂洗的水可做下一批衣服洗涤用水，最后一次洗涤水可用来拖地、洗拖把或冲厕所。

（6）集中洗涤衣物，少量小件衣物可手洗；使用适量无磷低泡洗衣粉，可减少漂洗次数及对水质的污染程度。

2. 绿色节电

（1）空调：①根据居住间实际需要选择空调功率；②夏季使用空调，温度适宜设置在 26 摄氏度。

（2）照明：①使用节能灯（和普通白炽灯相比，节能灯耗电及热辐射减少 80%，使用寿命延长 8 倍）；②随手关灯；③充分利用天然采光，减少室内光源能耗；④尽可能使用可调光。

（3）热水器：①燃气热水器比电热水器更节能、环保；②不使用时，关闭热水器开关；③如条件允许，尽可能采用太阳能热水器。

（4）使用每个插孔有独立开关的节能型插线板，以控制待机能耗，确保用电安全。

（5）电脑、电视及时关机，不待机。

3. 绿色消费

（1）买菜和购物用环保袋或菜篮子。

（2）购买家电选用节能环保的产品。

（3）装修居室选用环保建材。

（4）不使用一次性筷子、餐盒、塑料袋等物品。

（5）不吃野味。

（6）饭店吃饭不奢侈浪费，剩余的饭菜打包回家。

（7）购买可循环利用的产品。

4. 绿色出行

（1）多坐公交和地铁等公共交通工具。

（2）多骑自行车，节能又方便。

（3）路程不远时步行，健康又环保。

三、低碳生活

工业革命以来，人类经济发展的相关活动及在日常生活中排放的二氧化碳，大大超出了地球对二氧化碳的自然负荷能力。这导致全球气候发生显著变化，对全球自然生态系统产生了严重的有害影响。于是，人类开始反思自己的行为，"低碳"概念应运而生。

所谓"低碳"，就是倡导人们在生活、生产中，尽量减少二氧化碳排放，以减缓全球变暖的趋势。低碳生活则是人们为减少二氧化碳排放，主动、自发养成的一种新型生活方式。在减少二氧化碳排放的过程中，个人的努力具有"聚沙成塔"的意义。

📖 拓展阅读

全球变暖正在悄悄改变地球模样

你知道吗？全球变暖正悄悄地改变着地球的"模样"。

2019年11月，意大利威尼斯经历了自1872年以来最危险的一周，整个水城被淹没，遭遇了"末日般的破坏"。有研究表明，随着全球气候变暖，威尼斯可能在未来几十年内被全部淹没，彻底消失。

威尼斯的洪水已然退去，但美国阿拉斯加州沿海小镇基瓦利纳的水，却无法退去。因海平面上升，这个小镇面积正不断缩减。到2025年，这里就会被海水淹没。

人类居住的城市，说淹就淹，说没就没？这一切的罪魁祸首，或许都源于气候变暖导致的南北极地区冰川大量融化。

这些冰川本来安静地"沉睡"在两极，雄壮美丽。但是，气温升高却让它们慢慢融化消逝。冰川融化背后，是气候变暖加速。自20世纪90年代起，北极变暖速度是地球其他地区的2倍。

习惯在浮冰上生活的北极熊，失去了厚厚的冰层，难以捕猎食物。很多饥饿的北极熊被迫去村庄觅食。

同样面临生存威胁的还有孟加拉虎和深海中的小丑鱼。

位于恒河三角洲的孟加拉国孙德尔本斯地区，是孟加拉虎的主要栖息地。由于海平面上升，这一地区预计会在2070年彻底消失，这里的孟加拉虎也会随之灭绝。

电影《海底总动员》中可爱的小丑鱼"尼莫"，也正面临威胁。小丑鱼对栖息地相当挑剔，如果它们的自然栖息地珊瑚礁继续受到破坏，在不久的将来，人类或许只能在电影中与它们"见面"。

也有一些生物已经与地球告别。2019年2月，澳大利亚官员正式把珊瑚裸尾鼠从濒临灭绝的物种名录，转移到了灭绝类别。这是第一种因全球变暖而灭绝的哺乳类动物。

科学家认为，未来几个世纪，气候变暖可能会毁掉300多种哺乳类动物和鸟类，使更多物种从"濒临灭绝"走向"灭绝"。

呼吸的空气日益浑浊，人会变笨？

全球变暖不仅关系到冰川融化、物种灭绝，也和我们的生活息息相关。多项研究发现，气候变化可能还会导致早产率增加、GDP减少，甚至让智商变低。

2019年，气候变暖对地球的深刻影响，再次给人类敲响了警钟。

作为大学生，我们应如何为节能减排作出自己的贡献？

首先，要树立绿色低碳意识，认识到节能减排的紧迫感和使命感，牢固树立绿色低碳理念，人人争做绿色低碳标兵，处处体现绿色低碳文化，时时参与绿色低碳行动。

其次，要养成绿色低碳习惯，从小事做起，节约用电、节约用水、节约用纸、节约粮食，爱护树木、不乱丢杂物，绿色出行、少乘机动车，不用一次性用品、少用塑料袋、不买不必要的物品，废旧物品再利用及废电池单独分类处理，等等。

最后，要主动宣传绿色低碳生活方式，散播绿色低碳的"种子"，带动周围的人形成绿色低碳的生活态度，以实际行动参与低碳校园的建设。

📖 探究与交流

日常生活中，还有哪些好的习惯能帮助我们节能减排？

📖 榜样故事

千余大学生比拼创意，213个科技项目实力演绎节能减排

2018年8月7日，千余名大学生在武汉理工大学，角逐"东风汽车杯"第十一届全国大学生节能减排社会实践与科技竞赛决赛，各种创意比拼精彩纷呈。

绿色钎焊技术

没有火花四溅，也没有隆隆巨响，大概2秒钟的时间，一根筷子粗细的铜铝管就完成了焊接。"超声波产生的射流和冲击波，直接破解了母材表面的氧化膜，不会像传统的乙炔钎焊那样产生有毒的氟化物，也降低了能耗和碳排放。"武汉理工大学的韩慧莉团队向与会者介绍着他们的铜铝管材感应—超声复合绿色钎焊技术及装置，而大量运用于家用电器、汽车、电子等行业的铜铝管材，正是这个项目的应用方向。

玉米秸秆环保板材

"玉米秸秆在北方很常见，因为皮纤维结构致密，放半年都无法降解，只能焚烧，而焚烧则会带来大量烟尘污染。"哈尔滨工业大学的罗易舟团队将玉米秸秆皮层积压制成环保板材，制作成家具、快递箱等。"比起焚烧更环保，也更实用。"

高效节能制干技术

2017年湖北的连续阴雨天导致水稻变质、陕西果农的苹果腐烂等新闻，让华中科技大学的高亮团队动起了制干技术的脑筋。他们利用高温水维持干燥温度，营造

稳定温湿场使新鲜果蔬变干，比传统的自然风干稳定得多，也更省时。"我们还制作了一款手机 App，可供农户远程操作，非常方便。"高亮介绍道。

节能健身洗衣机

一台外观像箱子，一侧的圆筒却像洗衣机滚筒的橙色机器引起了大家的注意。"现代人工作忙，没时间健身，这台机器可以把锻炼产生的能量转化到洗衣机上，边健身边洗衣，环保又健康。"来自长江大学的陈菲团队，展示着她们的节能健身洗衣机设计，强大的循环利用瞄准了健身人群。据指导老师张红介绍，这项发明最难的还是实现从能量到结构功能的转换，队员们动了很多脑筋。"现在可以通过脚踏和手拉实现能量转换，将来还可以结合身体扭转等健身动作，切换各种运动方式来实现。"

第二节　校园垃圾分类回收

今天，"垃圾围城"成为困扰全球大城市的难题，具体现象包括填埋场侵占土地、垃圾造成长期污染、垃圾焚烧厂被周边居民抵制等。解决"垃圾"围城问题，离不开垃圾分类。

一、垃圾分类作用

"垃圾是放错了地方的资源。"垃圾分类就是将垃圾分门别类地投放，并通过分类地清运和回收使之重新变成资源。习近平总书记在上海市考察时指出"垃圾分类工作就是新时尚"，并勉励大家把这项工作抓实办好。全民参与垃圾分类，具有以下几方面的意义。

（一）减少环境污染

我国现有的垃圾处理方式包括填埋和焚烧。对垃圾进行填埋处理，即使是在远离生活的场所并采用相应的隔离技术，也难以杜绝有害物质渗透。这些有害物质会随着地球的循环而进入整个生态圈，污染水源和土地，通过植物或动物，最终影响人们的身体健康。另外，垃圾焚烧也会产生大量危害人体健康的有毒气体和灰尘。

其实，有很大一部分垃圾是不需要填埋，也不需要焚烧的。如果我们能够做好垃圾分类，就能减少垃圾的填埋和焚烧，从而减少环境污染。

（二）节省土地资源

填埋和堆放等垃圾处理方式占用土地资源，且垃圾填埋场属于不可复场所，即填埋场不能够重新作为生活小区使用。此外，生活垃圾中有些物质不易降解，填埋后将使土地受到严重侵蚀。

据统计，垃圾分类可以使人均生活垃圾产生量减少三分之二，从而节省大量土地资源。

（三）促进资源的循环利用

垃圾的产生源于人们没有利用好资源，将自己不用的资源当成垃圾抛弃，这种废弃资源的行为对于整个生态系统的损失都是不可以估计的。通过垃圾分类，回收可利用的垃圾，就可以将垃圾变废为宝，促进资源的循环利用，从而保护我们的生态系统。

此外，垃圾分类有利于改善垃圾品质，使焚烧（或填埋）得以更好地无害化处理。例如，分类焚烧可起到减量（减少垃圾处理量）、减排（减少污染排放量）、提质（改善燃烧工况）、提效（提高发电效率）等作用。

垃圾分类是处理垃圾公害的最佳解决方法和最佳出路。垃圾分类能够让民众学会节约资源、利用资源，养成良好的生活习惯，提高个人的素质素养。一个人如果能够养成良好的垃圾分类习惯，那么他就会关注环境保护问题，在生活中注意资源的珍贵性，养成节约资源的习惯。

📖 拓展阅读

垃圾分类已成上海市民"新时尚"

自 2019 年 7 月 1 日《上海市生活垃圾管理条例》施行以来，垃圾分类投放已然成为上海社区居民的"新时尚"。上海的小区中，大多数居民区的垃圾分类投放工作井然有序，垃圾分类新时尚蔚然成风。

"对国家社会有益的事情，我们就要去做。"在长宁区北新泾街道新泾八村做了 1 个月志愿者的陈阿姨已年逾古稀，"通过做志愿者，我在小区里结识了很多朋友。原来邻里之间互不往来，现在都很熟络了。不少年轻人看到我这么大年纪还在帮他们分垃圾，就不好意思不自己分了。"

多数居民均表示，虽然"定时定点"分类投放垃圾让他们在一定程度上失去了"扔垃圾自由"，但这关系到生活环境的改善和资源的节约，是造福子孙后代的"大好事"，因此理应克服困难，改变固有的垃圾投放习惯。

"新时尚"为何能获得广泛认同？

"为培养居民垃圾分类的文明习惯，居委会走进居民的家门，送上'三件套'入户包——一本垃圾分类指导手册、一个冰箱贴和一只挂壁式垃圾袋支架。手册由志愿者手绘；冰箱贴上印着自编的分类口诀和分类搜索二维码；垃圾袋支架是专门定制的，可在橱柜门上夹个塑料袋，湿垃圾就能很方便地'撸'进袋子里。"虹叶居委会党总支书记王静华说，居委会和志愿者们还在小区进行了一系列宣讲活动，横幅、海报、撤桶通知牌、分类指示牌等悉数"上岗"……

"投放点开放期间，有志愿者、保洁工守着；但延时投放点没有志愿者指导，分类的效果相对没有那么好，有时会出现垃圾错分、厨余垃圾没除袋等现象。"薛勇强表示，"目前，24小时投放点仍需要物业、保安、保洁加强巡查，发现堆放的垃圾后即时处理，也鼓励居民相互进行文明监督。"

此外，有的小区还通过先进表彰、社区红黑榜等方式，增强居民垃圾分类积极性，让人人崇尚垃圾分类"新时尚"。"公布红黑榜，是为了督促那些垃圾分类做得还不好的楼层居民向做得好的居民看齐。原先一些觉得分不分类无所谓的居民坐不住了，觉得自己楼层被贴了'哭脸'很丢脸。"瑞虹第一居民区党总支书记华磊说。

在"精细化""科学化"的推进下，少数社区居民从不理解、不配合到认识到垃圾分类的必要性和迫切性，提高了自身的环保意识，让垃圾分类"新时尚"在上海落地开花。

二、垃圾分类标准

2019年11月15日，新版《生活垃圾分类标志》标准发布，同年12月1日起正式实施。新标准将生活垃圾类别调整为可回收物、有害垃圾、厨余垃圾和其他垃圾四大类。

表6-1 生活垃圾分类标志

序号	大类	小类
1	可回收物	纸类
2		塑料
3		金属
4		玻璃
5		织物
6	有害垃圾	灯管
7		家用化学品
8		电池
9	厨余垃圾（也可称为"湿垃圾"）	家庭厨余垃圾
10		餐厨垃圾
11		其他厨余垃圾
12	其他垃圾（也可称为"干垃圾"）	-

↘ 知识链接

分类后的垃圾到底去哪儿了？

1. 可回收垃圾

可回收物通过"直接卖给废品回收企业""投放到设置在居住区公共区域可回收物收集容器中""投放到两网融合服务站点"三种方式进入废品回收系统，然后经再生资源回收服务点、站、场收集后，通过市场化渠道运往各类资源再生工厂再生利用，变废为宝。

2. 有害垃圾

有害垃圾投入到有害垃圾收集容器后，专用的收集车会将有害垃圾运送到暂存点，随后由环卫专用有害垃圾车辆运输至中转站进行分拣和存储，最后进入各类危废处理企业进行无害化处理。

3. 湿垃圾

湿垃圾投放到湿垃圾收集容器中后，经分类短驳至垃圾箱房，再由湿垃圾专用收集车辆收运至湿垃圾资源化利用厂，实现日产日清。

4. 干垃圾

干垃圾投放到干垃圾收集容器后，经分类短驳到垃圾箱房，随后由干垃圾专用车辆运输至再生能源利用中心，实现定期清运。

三、垃圾分类操作

（一）分类原则

进行垃圾分类，关键要掌握分类原则：可回收物记材质，玻、金、塑、纸、衣；有害垃圾非常少，主要是废电池、废灯管、废药品、废油漆及其容器；厨余垃圾看是不是容易腐烂，是不是容易粉碎；剩余的就都是其他垃圾了。当发现有混淆模糊、不能准确判断类别的垃圾时，也可以把它归为其他垃圾。

探究与交流

水瓶、牙刷、牙膏皮分别属于什么垃圾？应该如何投放？

（二）投放要求

1. 可回收物

可回收物，指适宜回收可循环利用的生活废弃物。

投 放 要 求

可回收物应尽量保持清洁干燥，避免污染。

立体包装物应清空内容物，清洁后压扁投放。

易破损或有裹尖锐边角的应包裹后投放。

2. 有害垃圾

有害垃圾指生活垃圾中对人体健康或自然环境造成直接或潜在危害的物质必须单独收集、运输、存贮，由环保部门认可的专业机构进行特殊安全处理。

投 放 要 求

有害垃圾投放时应注意轻放。易破碎的及废弃药品应连带包装或包裹后投放。压力罐装容器应排空内容物后投放。

另外，公共场所产生有害垃圾且未发现对应收集容器时，应携带至有害垃圾投放点妥善投放。

3. 厨余垃圾

厨余垃圾，指食材废料、剩菜剩饭、过期食品、瓜皮果核、花卉绿植、中药药渣等易腐的生活废弃物。

投 放 要 求

厨余垃圾应从产生时就与其他品种垃圾分开收集。

投放前尽量沥干水分，有外包装的应去除外包装投放。

另外，公共场所产生厨余垃圾且未发现对应收集容器时，应携带至有厨余垃圾投放点妥善投放。

4. 其他垃圾

其他垃圾，指除可回收物、有害垃圾、厨余垃圾外的其他生活垃圾，即现环卫体系主要收集和处理的垃圾。

投 放 要 求

其他垃圾应投入其他垃圾收集容器，并保持周边环境整洁。

第三节　美化寝室

一、文明寝室建设

寝室是我们学习、生活、休息的重要场所，寝室文明环境建设直接体现我们的精神面貌和个人素质，直接关系我们的身心健康。我们应将维护整洁文明寝室环境内化为自觉追求，外化为自觉行动，达到以下要求。

（1）文明寝室的环境总体应达到"六净""六无""六整齐"的目标。

"六净"：地面干净、墙面干净、门窗干净、玻璃干净、桌椅橱干净、其他物品整洁干净。

"六无"：无杂物、无烟蒂、无乱挂现象、无蛛网、无酒瓶、无异味。

"六整齐"：桌椅摆放整齐，被褥折叠整齐，毛巾挂放整齐，书籍叠放整齐，鞋子摆放整齐，用具置放整齐。

（2）每天应自觉做到"六个一"、自觉遵守"六个不"，维护寝室良好生活环境。

"六个一"：叠一叠被子、扫一扫地面、擦一擦台面、整一整柜子、理一理书架、倒一倒垃圾。

"六个不"：异性宿舍不进出，外人来访不留宿，危险物品不能留，违规电器不使用，公共设施不损坏，果皮、纸屑不乱扔。

（3）在宿舍应杜绝不文明行为，不养宠物、不在宿舍楼内抽烟、不在门口丢放垃圾、不乱用公用洗衣机等。

📖 **探究与交流**

你对寝室文明建设有什么好的建议和意见？

二、特色寝室建设

特色寝室宣扬的是一种文化，是一种相互影响、彼此照应、和谐共进的良好氛围，对我们的文化修养、综合素质等各方面的提高有着很大的促进作用。

要建设特色寝室，首先要考虑寝室大部分人的个性、喜好、价值观等，然后再以此为方向营造出别具一格的"特色"文化。如果寝室大多数人都喜欢学习，便可以考虑建设学习型寝室；如果寝室大多数人喜欢运动，便可以考虑建设运动型寝室；如果寝室大多数人都对环保有一定兴趣，便可以考虑建设环保型寝室。与此类似的还有创业型寝室、自强型寝室、友爱型寝室、逐梦寝室、音乐寝室等。

在建设特色寝室时，可参考以下标准：

（1）全体寝室成员共同参与特色寝室建设，共同商议并确定特色建设方向。

（2）按照主题特色布置寝室，呈现出的效果要符合指定特色，传递寝室文化，简单、美观，别具匠心、新颖独特、让人眼前一亮。

（3）有与寝室文化对应的"行为习惯养成计划""寝室团建活动安排"等。

> **📖 探究与交流**
>
> 你心目中别具一格的特色寝室是什么样的？

三、寝室美化

（一）美化原则

（1）简单、大方。寝室通常面积不大，没有必要摆放过多装饰品，要显得寝室简单、大方。

（2）温馨、舒适。寝室是放松休憩的地方，在美化时要考虑烘托一种温馨、舒适的氛围，让寝室充满家的温暖气息。

（3）营造学习氛围。寝室除了是放松休憩的地方，也是学习的场所，在美化时，要从色彩、风格上考虑这个因素，营造一个安静、适宜学习的空间。

↘ 知识链接

寝室美化小窍门

1. 桌面美化

如何让桌子拥有更多收纳空间？

①网格板收纳：网格板是一种轻便又实用的收纳工具，而且价格便宜。将网格板放置在桌面旁边的墙上，不仅能够收纳桌面的小东西，而且能够很好地装饰空间。

②桌下挂篮：桌下挂篮能创造隐形的收纳空间，用于放置各种小物件。

2. 床边装饰

床边挂篮和床边挂袋是寝室非常实用的收纳和装饰工具，不仅能够放水杯、纸巾、书籍等，避免了爬上爬下拿东西，还可以保证床铺的整洁。

（二）创意要点

（1）彰显寝室文化。每个寝室都有不同的文化，在美化时要充分考虑自己的寝室文化，做出别出心裁的美化设计。

（2）用材节约，变废为宝。低碳、绿色不仅是当下流行的概念，更应是我们践行的生活方式。在美化寝室时充分利用易拉罐、雪糕棍、牛奶盒、饮料瓶、废纸箱等被忽略的生活垃圾和旧物，做成各种实用的生活用品，不仅创意十足，更向周围的人传递了一种绿色的生活态度。

（3）彰显个性。寝室由多个小空间组成，每个小空间都是使用者的"家"，在美化时，每个人应在兼顾整体风格统一的基础上，充分考虑自己的使用需求和审美偏好。

第四节　低碳节能的校园生活

一、共建无烟校园

大量的科学研究表明，吸烟对人体健康的危害十分严重。世界前 8 位致死疾病中，便有 6 种疾病与吸烟有关，即缺血性心脏病、脑血管病、下呼吸道感染、慢性阻塞性肺疾病、结核病和肺癌。

据世界卫生组织调查显示，烟草每年使 800 多万人失去生命，其中有 700 多万人缘于直接使用烟草，有大约 120 万人属于接触二手烟雾的非吸烟者。

那么我们应该如何预防香烟的危害，共建无烟校园呢？

（1）为了自己和他人的生命健康，也为了保护环境，我们应该约束自己，做到不抽烟。

（2）多了解有关吸烟危害的知识，增强自制力，自觉抵制诱惑。

（3）养成良好的习惯，早睡早起不熬夜，保持身体的健康状态。

（4）交友谨慎，远离那些有不良嗜好的朋友，选择一个良好的交友圈。

（5）积极参加控烟健康宣传活动，增强控烟意识，约束吸烟行为。

📖 拓展阅读

无烟学校参考标准

1. 建立学校控烟制度

（1）建立由学校领导牵头，相关职能部门共同参与的控烟领导小组，相关职能部门职责明确。

（2）将控烟工作纳入学校年度工作计划，做到年初有计划、年终有总结。

（3）制定校内控烟管理规章制度。制度中应包括下列核心内容：①任何人（包括外来人员）都不得在校园内指定吸烟区以外区域吸烟；②学校应设有兼职控烟监督员或巡视员，并有明确的工作职责。控烟监督员、巡视员应接受过相关的控烟知识培训；③将履行控烟职责的情况作为师生员工评优评先的参考指标之一；④教师不在学生面前吸烟，不接受学生敬烟，不向学生递烟；⑤教师应劝阻学生吸烟；⑥有鼓励或帮助教职员工戒烟的办法。

2. 除指定室外吸烟区外全面禁烟，营造良好无烟环境

（1）校园内除指定的室外吸烟区外，其他区域无人吸烟，非吸烟区无烟蒂、

无吸烟者。

（2）校园内重点区域，如大门、教学楼、宿舍楼、实验室、行政楼、会议室、教师办公室、室内运动场、图书馆、教职工和学生食堂、接待室、楼道、卫生间等有醒目的禁烟标识。

（3）非吸烟区不得摆放烟灰缸及其他烟具。

（4）吸烟区设置合理（室外、通风、偏僻）。

（5）吸烟区悬挂、张贴烟草危害的宣传品。

（6）校园内禁止烟草广告和变相烟草广告。

3. 开展多种形式的控烟宣传活动

（1）利用宣传栏、展板、广播、电视等形式进行控烟宣传。

（2）利用课堂、讲座等形式对学生开展控烟教育，将烟草危害、不尝试吸烟、劝阻他人吸烟、拒绝吸二手烟等内容作为控烟核心知识点。

（3）将控烟教育纳入新生入学教育内容。

（4）利用世界无烟日开展控烟宣传活动。

4. 加强控烟监督检查

（1）控烟监督员能认真履行劝阻吸烟人在非吸烟区吸烟的职责。

（2）全体师生员工均有对在校园内违反控烟规定的行为进行劝阻的义务。

（3）定期组织对学校各部门、各院系控烟工作进行检查，每年至少一次。

二、维护校园卫生秩序

（一）教室环境卫生要求

（1）门：干净，门（正反面、门框）无污垢、残留物、脚手印，无损坏。

（2）窗：窗台和窗槽擦干净，无异物、无积灰、无污迹，不能有灰尘，玻璃窗无明显污垢、手印，窗台干净。

（3）地面：地面光洁明亮，无纸屑、无杂物、无积灰、无积水、无污渍、无痰迹。墙角不堆放杂物，无粉笔头、无瓜壳纸屑等，无口香糖粘留物。

（4）墙面：墙面（包括走廊）无乱涂乱画、无积灰、无鞋印、无痰迹、无字迹、无蛛网、无污渍、无私拉乱接，无损坏。

（5）走廊过道：地面无垃圾、水渍，楼道扶手面无污渍，地面保持清洁。教室墙角、天花板、走廊楼道班组合所属范围内的地方无蜘蛛网。

（6）讲台：整洁，粉笔盒、书簿本、教具等物品摆放整齐、有序。台面干净整洁，无粉笔灰。

（7）黑板：黑板洁净，没有双面胶等残留物，黑板槽干净，无粉尘。

（8）课桌椅：课桌椅整齐排列，保持桌面的干净，桌面物品摆放整齐有序，椅子应统一摆放在桌子下方。课桌椅桌面无损坏、无污迹、无字迹、无乱涂乱画、桌箱内无果皮纸屑。

（9）日光灯、电风扇：光洁明亮，无积灰，无装贴。教室无人时，及时做到关灯、关扇。

（10）饮水机、电视机、多媒体：保持饮水机洁净，饮水机下无水渍、不堆放空桶。电视机无积灰，多媒体不使用时电源关闭。

（11）杂物箱、垃圾篓：摆放有序、干净、整洁，及时倾倒垃圾。

（12）劳动工具：扫帚、畚箕、拖把等摆放整齐，统一放在教室后面靠窗的墙角，不能乱丢、乱放。

（13）张贴处：统一安置于教室前面靠前门处，统一尺寸，用于张贴课表、通知等班级事务。

（二）公共区环境卫生要求

（1）校园主干道要及时清扫树叶、纸团、饮料盒、餐盒等垃圾，清洁后无明显垃圾堆，并加强文明督导，确保校道清洁。

（2）学生活动场所，如田径场、篮球场、健身园等区域及其周边绿化带内无纸团、饮料盒、餐盒等垃圾，无明显的泥砂、泥尘、树叶等。

（3）校园景区区域及其周边绿化带内无纸团、饮料盒、餐盒等垃圾，无明显的泥砂、泥尘、树叶等，景物、雕像等无乱涂乱画、无积灰、无鞋印、无痰迹、无字迹、无蛛网、无污渍等。

（4）学生学习生活区，如教室、宿舍、食堂内外周边环境及其周边绿化带内无纸团、饮料盒、餐盒等垃圾，无明显的泥砂、泥尘、树叶等。

（三）寝室环境卫生要求

1. 门窗地面整洁

①门上不得有脚印、球印和积灰。

②玻璃窗明亮干净，窗框上没有积灰。

③地面拖扫干净，包括床底地面，不得有烟蒂、痰迹。

④房门口、楼道地面不得有垃圾、积水。

2. 物品摆放整齐

①桌子按规定摆放，凳子放在桌子下面。

②桌面、书架和行李床上的物品要摆放整齐。

③洗漱用具放在统一位置。

④鞋子的摆放、室内衣物的挂放要整齐。

⑤被褥叠放整齐。

⑥床上不乱扔杂物。

3. 无蛛网积灰

①天花板、四周墙壁无蛛网积灰。

②日光灯、风扇上无蛛网积灰。

③各类家具上无蛛网积灰。

④床板下无蛛网积灰。

4. 阳台．卫生间

①阳台整洁，无杂物。

②卫生间整洁，无异味，垃圾入袋。

5. 不违章用电和电器

①不私拉电线，电线不绕床。

②床上无台灯。

③不使用电炉、电饭锅、热得快等电热器具。

④不使用蜡烛。

6. 维持家具和其它设施完好，创建文明环境

①不在门、家具和墙上涂写刻画。

②不张贴有损身心健康的文章和图片。

7. 共同保持公用部位的卫生整洁

①不向窗外和公用部位吐痰、倒水及乱扔瓜皮果壳、纸屑、烟头、酒瓶等杂物。

②不得在墙上涂写、刻画和胡乱张贴。

③学生寝室的内务与卫生要求整齐、清洁和安全。

⬐ 实践活动

请围绕"低碳生活"制订一个"绿色校园，从我做起"的个人计划，并在生活中执行计划。

【过程记录】

计划要点：_____

计划思路：_____

计划可行性评估：_____

计划实施要点：_____

【结果评价】

教师可参考下表对学生制订的个人计划进行评价。

"绿色校园，从我做起"个人计划评价表

评价标准	分值	分数	教师评价
计划完整	30 分		
计划切实可行	20 分		
计划有层次，目标有阶梯	20 分		
计划有反馈提升机制	10 分		
计划可评测	10 分		
计划有奖励机制	10 分		

思考题

1. 我们应该树立怎样的环保意识？

2. 垃圾分类的意义是什么？如何进行垃圾分类？

3. 寝室卫生应该如何维护？

4. 如何维护校园卫生秩序？

第七章 社会劳动

↘ **学习目标**

1. 了解社会实践的目的和形式。
2. 熟悉社会实践的策划与实施。
3. 了解实习的政策与要求。
4. 掌握实习过程。
5. 熟悉国家关于勤工助学的管理办法。
6. 能根据自身情况参与勤工助学。

课堂导入

> **大学生化身"带货网红"助力农副产品线上"走出去"**
>
> 　　2020 年 4 月 18 日，宁波大学商学院举办了一场特别的线上活动。活动的主题是发动青年学子化身"带货网红"，帮助更多的农副产品通过线上直播"走出去"。该活动不仅把山货卖到了全国各地，还吸引了学校的留学生参加直播，把山货、农旅产品等卖到了海外。
>
> 　　宁波大学疫情期间特别线上活动的成功举办，得益于学校长期以来通过开展助农竞赛、进行助农社会实践，让青年学子长真本领、练真功夫。
>
> 　　"我们贵州的黑木耳质地柔软，泡发后口感比一般的黑木耳更好。"宁波大学商学院学生吴远涵至今对于 2018 年的那场比赛记忆犹新。在宁波市江北区主办的扶贫主题市场营销大赛现场，他凭借出色的营销技巧取得了不俗的成绩，最终获得比赛冠军。吴远涵觉得参加这场大赛的收获非常大，"不仅实践了课堂所学，还帮助了宁波对口帮扶县——贵州省黔西南布依族苗族自治州册亨县的农民。"
>
> **想一想**　你认为什么是社会实践？有哪些形式？

　　社会实践是学校教育的一种延伸，是大学生走出校门、接触社会、了解国情、学以致用的重要机会，是大学生投身社会建设、向群众学习、锻炼才干的重要渠道，是提升思想觉悟、增强大学生服务社会意识，促进大学生健康成长的有效途径。

第一节　社会实践

　　社会实践不仅有助于培养学生良好思想品德和行为习惯，也体现了全方位的育人意义。通过社会实践活动，学生的体魄受到了锻炼，审美情趣得到了陶冶，劳动观念和劳动技能得到了增强，这些成长与进步迁移到科学文化知识的学习上，有利于促进学生身心健康发展。

一、社会实践概述

（一）社会实践的目的

　　社会实践的目的常有不同，有锻炼基本技能的，有培养爱国思想的，也有提升综合素质的，且一项活动有时会有多种目的。

表 7-1　社会实践的目的

序号	目的
1	对学生进行科技、国防、劳动、法制、环保、历史等多方面的教育，使学生关心社会和科技进步、关心地球和生存环境
2	增强学生的组织纪律性
3	培养学生认识社会、探究社会问题的基本能力，形成综合思考问题的能力
4	养成良好的劳动观念，形成一般劳动技能
5	培养学生人际交往能力、协作能力、组织能力和操作能力，以及适应环境的能力
6	培养学生的参与意识，创新意识和勤于实践、勇于探索、精诚合作的精神，不断提升学生精神境界、道德意识和能力，完善学生人格

（二）社会实践的表现形式

第一，军训。这是一个必修项目，也是社会实践课程的一项重要内容，主要进行军事知识教育、军事技能训练和纪律的养成教育。

第二，社会参观、访问和调查活动、社团活动。可以郊游，参观人文景观等；可以到德育教育基地参观考察，接受思想教育（如进敬老院帮助孤寡老人）等；可以抓住焦点、热点问题，进行环保、国情民情调查等活动；可以结合教学内容进行验证性的调查；访问则一般以国家或地方政府机构、政府官员、特殊人物、特殊群体等为访问对象。

第三，班级值周活动和校内劳动。

（三）社会实践的组织管理形式

社会实践课程在学校综合实践活动领导小组的指导下，由德育处统一负责实施。年级组负责社会实践活动的具体实施，班主任对全班的社会实践活动负责，指导老师对所管的社会实践小组负责。社会实践活动一般以 5 ～ 10 名学生经自由组合形成的小组为单位开展，每小组推举小组长一名，根据活动项目聘请指导老师 1 ～ 2 名，根据活动项目的需要可聘请校外人士充当指导老师。

（四）社会实践的项目时间安排

第一，军训。军训安排在大一第一学期开学之初，军训时间：大中专不少于 10 天，本科不少于 14 天。

第二，社会参观、访问和调查活动、社团活动。社会参观活动由学校统一组织，访问和调查活动、社团活动由学生自行安排，小组成员不能少于 5 人，学生可利用双休日、节假日或假期时间自主安排活动。

社会实践有什么意义

第三，班级值周活动和校内劳动。学生应轮流参加学校安排的学生值周活动，并做到人人参与；校内劳动主要包括当班主任助理、管理班集体、参加校内区域清洁、参与宿舍轮值、参加课室值日等。

📖 **探究与交流**

我们应该怎样策划、实施社会实践活动呢？

二、社会实践策划

策划社会实践活动时，首先应确定活动的主题，其次确定活动内容、活动过程，最后确定活动时间、活动地点、参加人员、活动经费预算等相关内容。

（一）确定活动主题

确定活动主题是综合实践活动得以开展的第一步，也是最为关键的一步。一个有价值的活动主题的提出，凝聚着智慧的结晶。

选题时，一方面应避免相近学科活动主题，如"身边的错别字""生活中的统计"两种研究活动，在语文、数学学科中都会涉及，这就会使活动内容过于重复，活动也就失去了意义；另一方面也应避免选题太小或选题太大、太远，如"鱼的尾巴有什么作用"这个问题，查查书籍就能知道答案，而没有深入研究的必要，又如"地球转动时，我们为什么没被甩出"这个问题，涵盖面太广，同样不适合作为活动主题。

确定活动主题应考虑以下三方面因素，具体见表。

表 7-2　确定活动主题应考虑的因素

应考虑因素	具体含义
源于生活	生活是综合实践活动中非常重要的探究题材，如一些学生觉得校服的款式、颜色应该具有学校的特点，穿在身上就能让人知道自己是哪所学校的学生。于是他们想为学校，同时也为自己设计一套校服。这样"我们的校服"就能成为他们探究的主题
服务现实	学生所确立的活动主题最好是对学生自身、家庭、学校及所在地区具有实际意义的课题。具有探究价值更容易激发学生服务社会的意识，培养学生对社会负责的态度。如主题"生活中的节约用水"就具有实在的研究价值
可行性	一些活动虽然是学生感兴趣的，但是受各方面条件的限制，所以开展起来困难重重。所以在选题时一定要注意它的可行性，如"我为校园添绿色"这样的主题有实际意义，且容易开展

（二）确定活动形式

此外，活动主题的确立也应采用适当的形式。

表 7-3　确定活动主题采用的形式

采用形式	具体内容
问卷调查	可以通过问卷的形式了解学生的兴趣，帮助学生确立课题。如一些学生在问卷中写到对动物感兴趣，想了解动物的一些特点和生活习性，所以就可以以"动物，我们的朋友"为主题进行探究
社会调查	学生在生活中发现一些自己不清楚或认为不好的社会现象及问题，也可以进行研究，如我们常常看见一些小餐饮店使用一次性饭盒盛饭装菜，于是我们就以"身边的白色污染"为题展开了一系列的活动
创设情境	在课堂上创设一种情境，使学生在情境中受到点拨，随之促使他们提出问题

（三）确定活动内容

社会实践活动的内容是对活动主题的进一步阐述，应围绕活动主题展开。它规定了在此次活动中应做的具体事项、活动要求等内容。确定内容时应遵循可行性、简易性、明确性的特征。可行性是指活动内容能够人为做到，简易性是指活动内容不应过于繁杂、活动步骤不应重复，明确性是指活动目的明确，主旨不能含糊不清。

（四）确定活动过程

活动过程是指在此项活动中的每一具体步骤应做什么。活动过程是对活动主题的具体剖析，只有一步步完成每一过程，才能深刻认识实践活动开展的意义。

（五）确定其他事项

要顺利开展社会实践活动，除了要确定活动主题、活动内容、活动过程外，还应确定活动时间、活动地点、参加人员、活动经费预算、前期工作等内容。

活动时间应选择在周末或课外；活动地点应选择在不影响周围居民正常生活、能支持实践活动顺利完成的地方；参加人员应根据活动主题明确；活动经费预算应根据该项活动所需的交通费、工具费、生活费等各种费用总和来确定；前期工作是指保证此次活动的顺利开展需做的准备工作。

📖 拓展阅读

社会实践活动策划书

1. 活动主题

创先争优投身实践，科学发展促进和谐

2. 活动内容

（1）纪念建党××周年主题实践活动。（红色教育基地）

（2）社会主义新农村建设调研实践活动。（参观蔬菜大棚及企业）

（3）报国企业行——实习就业专项实践活动。（探访企业面试能力问答）

（4）"三下乡"专项实践活动（组织英语讲座、医保宣传、垃圾分类）

（5）社区专项实践活动。（社区留守儿童）

（6）"真情济困送万家"志愿服务活动。（义卖）

（7）以"感恩伴我成长，孝心回馈父母"为主题的体会亲情实践活动。（志愿加油站）

3. 参加人员

××、××等

4. 活动地点

××市区

5. 活动时间

××月××日到××月××日

6. 前期工作

（1）在××月××日之前与社区领导及电视台等传媒机构取得联系，告知其我们此次实践的目的和大概的活动安排，了解他们需要什么，我们需要带什么，记下村干部的号码，包括移动电话和固定电话，并获取他们的最大支持和帮助。

（2）在××月××日之前完成在本地的宣传工作，包括拉赞助，寻求商家的物质和财力的支持。

（3）在××月××日之前做好队员的思想培训、学习实践指南，特别是跟农民利益密切相关的部分，了解社区与志愿者慈善等系列问题。

（4）准备好服装、旗子、条幅和其他必备的物资。

7. 活动过程

（1）前期调研。

（2）联合志愿者服务中心组织爱心义卖。

（3）看望残疾人朋友送温暖。

（4）举办义工加油站。

（5）蔬菜大棚与养殖基地调研与鱼塘调研，发现问题，回校后联系解决反馈。

（6）工厂调研。

（7）老年活动中心交流（丰富老年生活，听老人讲述革命故事）。

（8）体验农家乐、家务劳动——自己动手丰衣足食。

（9）教授留守儿童及社区居民旧物改造方法。

（10）对若干个小朋友进行英语辅导及感恩教育。

（11）在老乡的陪同下，考察当地的建筑、环境。

8. 经费预算

来回车费、食物采购费、志愿者伙食费、礼品采购费、衣服帽子、宣传费共计：××元。

9. 活动宣传

联系我院报社，一天一篇通讯稿，以邮件方式发给老师。

10. 活动总结

此次活动极大地调动了全体同学的积极性，帮助弱势群体，弘扬志愿者精神，各个志愿者从这次社会实践中学到了许多书本上学不到的东西。

11. 注意事项

此次活动的所有文件都要正式。此外，该活动要统一服装，队员必须服从队长的安排，可以提出合理化的建议，但不能单独行动。

三、社会实践实施

（一）社会实践活动的步骤

社会实践的实施是在确立社会实践计划后施行的一系列活动。在实施社会实践活动时，主要包括5个步骤，具体见表。

表 7-4 表社会实践活动实施过程

实施步骤	具体内容
活动前教育	在活动前，应安排一定时间对学生进行安全、法制、礼仪教育。教育学生预防事故，注意自我保护；教育学生必须遵守法规，遵守实践地和社区的规章制度；教育学生礼貌待人，体现大学生良好的精神风貌
内容选择与活动规划	除军训项目外，学生应根据自己的兴趣和已有的知识水平，从生活实际出发，选取活动主题和内容，并形成社会实践小组，聘请指导老师，联系好将要前去实践的地点或单位，制定小组活动计划，并在小组活动计划的基础上制订个人活动计划。将小组活动计划和个人活动计划报告至指导教师，并征得他们的同意
活动实施	召开开题报告会，组成活动小组，确定活动主题，明确成员职责，制订活动计划。学生必须按计划进行活动，服从实践地负责人领导，指导老师要随时关注活动的正常开展。在活动中，组长要协调好小组成员及各方面的关系，各成员发挥团队精神，相互协作，确保活动的顺利进行。要记录活动过程和活动心得

续表

实施步骤	具体内容
总结交流	活动结束后，小组完成社会实践报告。个人写出活动小结及活动过程中的体会，先在小组内交流，然后小组间交流。形式由班级自定，可以是主题班会、班级网页、墙报展览等。每班推荐最好的一个活动小组参加班级组的社会实践活动成果汇报
评价考核	小组和个人提供相应的材料，由指导老师进行初步评，然后由学校综合实践活动课程领导小组进行终评

（二）课程评价与学分认定

第一，评价原则。贯彻三结合评价原则：过程评价和结果评价相结合，自评和他评相结合，定性评价和定量评价相结合。

第二，评价内容。参加社会实践活动的课时量和态度；活动的选择与活动设计评价；活动过程中的体验和收获；认识社会、研究社会问题的基本能力和人际交往、协作、适应环境等能力的发展情况；活动的成果和社会效益评价；活动过程中的创新性和实践性的体现情况。

第三，评价方法。实施档案袋管理：学生建立个人社会实践活动档案袋，里面应装有能反映小组和个人活动过程的种种记录和其他证明材料，并提供核实方法或途径（如实践单位的地址和电话，相关人员的姓名和联系电话等），具体考评方法见表。

表 7-5 社会实践的评价方法

评价内容	评价方法
军训	学生个人自评（撰写军训小结）；班主任和教官初评，进行等级认定；教务处、德育处审核
社团活动	社会参观、访问和调查活动、社团活动评价要详细考察小组活动方案和个人活动计划，小组社会实践报告与个人活动小结，活动记录与活动证明，社会参观、访问和调查活动、社团活动的成果，相关单位和小组其他成员的评价材料
班级值周活动和校内劳动	班级值周活动和校内劳动也要提供相关的证明材料，如各项活动的过程记录与小结等

第四，考核等级。从活动态度和活动收获等方面进行考核。活动用时合计不少于7日；活动态度和活动收获可进行定性评价，使用"优秀""良好""一般""较差"等描述性语言。

第五，评价学分认定程序。学生个人或小组整理参评材料——小组交流及互评——班主任或导师初评、等级认定——学校综合实践活动课程领导小组终评——学校学分认定委员会学分认定——教导处登记学分。

（三）奖励

对于参与意识和创新意识强，有勤于实践、勇于探索、精诚合作精神的学生个人或小组，等级认定为 A，学校给予表彰；对于三项活动评价均获 A 等的学生，学校给予专项奖励；如果社会实践成果经专家认定为具有一定的社会效益、科学价值或实用价值，学校给予特殊奖励。

↘ 实践活动

社工活动一日行

随着越来越多的"单位人"转为"社会人"，大量退休人员、下岗失业人员和流动人员进入社区，社区居民的物质、文化、生活需求日益呈现出多样化、多层次的趋势，经济社会的发展和居民群众的多方面需要给社区服务提出了更高的要求。

请以班级为单位，自定服务内容，利用周末、课余时间走进社区，发挥知识、技能特长，为某社区居民提供一次社区服务。

【过程记录】

活动开展计划：_____

活动开展关键点：_____

活动开展难点及解决方案：_____

心得体会：_____

【结果评价】

教师可参考下表对学生的"社工活动一日行"活动进行评价。

活动评价表

评价标准	分值	分数小计	教师评价
活动内容符合社区实际需求	20 分		
活动结合专业优势	20 分		
积极参与服务活动	20 分		
耐心诚恳，用心服务	20 分		
能从中体会服务他人的乐趣	10 分		
服务用语文明、恰当	10 分		

第二节　实习

实习是大学生校园生活的重要组成部分。实习是指学生在校期间，到单位的具体岗位上参与实践工作的过程。实习能够验证自己的职业选择，了解目标工作内容，学习工作及企业标准，找到自身与企业标准的差距。

一、实习政策要求

教育部出台了一系列实习政策，以规范和加强高等院校学生的政策，维护学生、学校和实习单位的合法权益，提高技术技能人才培养质量，增强学生社会责任感、创新精神和实践能力。

实习政策与要求要点具体如下：

（一）总则

1. 实习的分类

实习可分为认识实习、跟岗实习和顶岗实习三种，三种实习的概念见表。

表 7-6　认识实习、跟岗实习和顶岗实习的概念

实习类别	概念
认识实习	学生由学校组织到实习单位参观、体验，形成对实习单位和相关岗位的初步认识的活动
跟岗实习	不具有独立操作能力、不能完全适应实习岗位要求的学生，由学校组织到实习单位的相应岗位，在专业人员指导下部分参与实际辅助工作的活动
顶岗实习	初步具备实践岗位独立工作能力的学生，到相应实习岗位，相对独立参与实际工作的活动

（2）地方各级人民政府相关部门应高度重视学生实习工作，切实承担责任，结合本地实际制定具体措施鼓励企（事）业等单位接收学生实习。

（二）实习组织

（1）教育行政部门负责统筹指导学校学生实习工作；学校主管部门负责学校实习的监督管理。学校应将学生跟岗实习、顶岗实习情况报主管部门备案。

（2）学校应当选择合法经营、管理规范、实习设备完备、安全生产的实习单位。在

确定实习单位前，学校应进行实地考察评估并形成书面报告。

（3）学校应当会同实习单位共同组织学生实习，与实习单位共同制订实习计划，明确实习目标、实习任务、必要的实习准备、考核标准等，并开展培训，使学生了解各实习阶段的学习目标、任务和考核标准。

（4）学校和实习单位应当分别选派经验丰富、素质好、责任心强、安全防范意识高的实习指导人员。

（5）实习岗位应符合专业培养目标要求，与学生所学专业对口或相近。

（6）学生经本人申请、经学校同意，可自行选择顶岗实习单位。对自行选择顶岗实习单位的学生，实习单位应安排专人指导学生实习，学生所在学校要安排实习指导教师跟踪了解实习情况。

（7）认识实习、跟岗实习由学校安排，学生不得自行选择。

（8）实习单位应当合理确定顶岗实习学生占在岗人数的比例。一般来说顶岗实习学生的人数不超过实习单位在岗职工总数的 10%，在具体岗位顶岗实习的学生人数不高于同类岗位在岗职工总人数的 20%。

（9）任何单位或部门不得干预学校正常安排和实施实习计划，不得强制学校安排学生到指定单位实习。

（10）在实习单位的实习时间应根据专业培养方案确定，顶岗实习一般为 6 个月。

（三）实习管理

（1）学校应当会同实习单位制定学生实习工作具体管理办法和安全管理规定、实习学生安全及突发事件应急预案等制度性文件。

（2）学校应对学生实习过程进行监管。学校应充分运用现代信息技术，构建实习信息化管理平台，与实习单位共同加强实习过程管理。

（3）学生参加跟岗实习、顶岗实习前，学校、实习单位、学生三方应签订实习协议。

协议文本由当事方各执一份。未按规定签订实习协议的，不得安排学生实习。认识实习按照一般校外活动有关规定进行管理。

（4）实习协议应明确各方的权利和义务，协议约定的内容不得违反相关法律法规。实习协议应包括但不限于以下内容（见表）：

表 7-7 实习协议包括的内容

序号	内容
1	各方基本信息
2	实习的时间、地点、内容、要求与条件保障
3	实习期间的食宿和休假安排

续表

序号	内容
4	实习期间劳动保护和劳动安全、卫生、职业病危害防护条件
5	责任保险与伤亡事故处理办法，对不属于保险赔付范围或者超出保险赔付额度部分的约定责任
6	实习考核方式
7	违约责任
8	顶岗实习的实习协议内容还应当包括实习报酬及支付方式
9	其他事项

（5）未满18周岁的学生参加跟岗实习、顶岗实习，应取得学生监护人签字的知情同意书。

⅃ 知识链接

学校和实习单位不得出现的情景

第一，安排、接收刚入校学生顶岗实习；

第二，安排未满16周岁的学生跟岗实习、顶岗实习；

第三，安排未成年学生从事《未成年工特殊保护规定》中禁忌从事的劳动；

第四，安排实习的女学生从事《女职工劳动保护特别规定》中禁忌从事的劳动；

第五，安排学生到酒吧、夜总会、歌厅、洗浴中心等营业性娱乐场所实习；

第六，通过中介机构或有偿代理组织、安排和管理学生实习工作。

（6）除相关专业和实习岗位有特殊要求，并报上级主管部门备案的实习安排外，学生跟岗和顶岗实习期间，实习单位应遵守国家关于工作时间和休息休假的规定，并不得有下表中情形：

表7-8　实习单位不应安排实习生的工作内容

序号	实习单位不应安排实习生的工作内容
1	安排学生从事高空、井下、放射性、有毒、易燃易爆，以及其他具有较高安全风险的实习
2	安排学生在法定节假日实习
3	安排学生加班和夜班

（7）接收学生顶岗实习的实习单位，应参考本单位相同岗位的报酬标准和顶岗实习学生的工作量、工作强度、工作时间等因素，合理确定顶岗实习报酬，原则上不低于本单

位相同岗位试用期工资标准的 80%，并按照实习协议约定，以货币形式及时、足额支付给学生。

（8）学校和实习单位不得向学生收取实习押金、顶岗实习报酬提成、管理费或其他形式的实习费用，不得扣押学生的居民身份证，不得要求学生提供担保或以其他名义收取学生财物。

（9）实习学生应遵守学校的实习要求和实习单位的规章制度、实习纪律及实习协议，爱护实习单位设施设备，完成规定的实习任务，撰写实习日志，并在实习结束时提交实习报告。

（10）学校要和实习单位相配合，建立学生实习信息通报制度，在学生实习全过程中加强安全生产、职业道德、职业精神等方面的教育。

（11）学校安排的实习指导教师和实习单位指定的专人应负责学生实习期间的业务指导和日常巡视工作，定期检查并向学校和实习单位报告学生实习情况，及时处理实习中出现的有关问题，并做好记录。

（12）学校组织学生到外地实习，应当安排学生统一住宿；具备条件的实习单位应为实习学生提供统一住宿。学校和实习单位要建立实习学生住宿制度和请假制度。学生申请在统一安排的宿舍以外住宿的，须经学生监护人签字同意，由学校备案后方可办理。

（13）鼓励学校依法组织学生赴国（境）外实习。安排学生赴国（境）外实习的，学校应当通过国家驻外有关机构了解实习环境、实习单位和实习内容等情况，必要时可派人实地考察。学校还要选派指导教师全程参与，做好实习期间的管理和相关服务工作。

（14）各地学校主管部门建立学生实习综合服务平台，协调相关职能部门、行业、有关社会组织，为学生实习提供信息服务。

（15）对违反本规定组织学生实习的学校，由学校主管部门责令改正。拒不改正的，对直接负责的主管人员和其他直接责任人依照有关规定给予处分。因工作失误造成重大事故的，应依法依规对相关责任人追究责任。

（16）对违反本规定中相关条款和实习协议的实习单位，学校可根据情况调整实习安排，并根据实习协议要求实习单位承担相关责任。

（17）对违反本规定安排，介绍或者接收未满 16 周岁学生跟岗实习、顶岗实习的，由人力资源社会保障行政部门依照《禁止使用童工规定》进行查处；构成犯罪的，依法追究刑事责任。

📖 **探究与交流**

实习是大学生提前熟悉社会、工作的重要途径，学校也会为学生的实习情况作出一定的评价。那你知道实习考核的主要内容是什么吗？

（四）实习考核

（1）学校要建立以育人为目标的实习考核评价制度，学校要会同实习单位根据学生实习岗位职责要求制订具体考核方式和标准，实施考核工作。

（2）跟岗实习和顶岗实习的考核结果应当记入实习学生学业成绩，考核结果分优秀、良好、合格和不合格四个等次，考核合格以上等次的学生获得学分，并纳入学籍档案。实习考核不合格者，不予毕业。

（3）学校应当会同实习单位对违反规章制度、实习纪律以及实习协议的学生，进行批评教育。学生违规情节严重的，经双方研究后，由学校给予纪律处分；给实习单位造成财产损失的，应当依法予以赔偿。

（4）学校应组织做好学生实习情况的立卷归档工作。实习材料包括的内容见表。

表 7-9　实习材料内容

序号	实习材料内容
1	实习协议
2	实习计划
3	学生实习报告
4	学生实习考核结果
5	实习日志
6	实习检查记录
7	实习总结

↘ 知识链接

实习安全须知

第一，学校和实习单位要确立安全第一的原则，严格执行国家及地方安全生产和职业卫生有关规定。学校主管部门应会同相关部门加强实习安全监督检查。

第二，实习单位应当健全本单位生产安全责任制，执行相关安全生产标准，健全安全生产规章制度和操作规程，制定生产安全事故应急救援预案，配备必要的安全保障器材和劳动防护用品，加强对实习学生的安全生产教育培训和管理，保障学生实习期间的人身安全。

第三，实习单位应当会同学校对实习学生进行安全防护知识、岗位操作规程教育和培训，并进行考核。未经教育培训和未通过考核的学生不得参加实习。

第四，推动建立学生实习责任保险制度。学校和实习单位应根据国家有关规定，为实习学生投保实习责任保险。责任保险范围应覆盖实习活动的全过程，包括学生实习期间遭受意外事故及由于被保险人疏忽或过失导致的学生人身伤亡，被保险人依法应承担的责任，以及相关法律费用等。

第五，学生实习责任保险的经费可从学校学费中列支；免除学费的可从免学费补助资金中列支，不得向学生另行收取或从学生实习报酬中抵扣。学校与实习单位达成协议由实习单位支付投保经费的，实习单位可从实习单位成本（费用）中列支。

第六，学生在实习期间受到人身伤害，属于实习责任保险赔付范围的，由承保保险公司按保险合同赔付标准进行赔付。不属于保险赔付范围或者超，出保险赔付额度的部分，由实习单位、学校及学生按照实习协议约定承担责任。学校和实习单位应当妥善做好救治和善后工作。

📖 探究与交流

实习生工资应该缴纳税费吗？

二、实习注意事项

实习是学习与就业之间的一个重要环节，好的实习经历能为学生交出一份满意的答卷，同时也可为将来的就业热身，打好"预备战"。

（一）获取实习信息

我们可以从以下渠道获取实习信息：

（1）学校公示栏。

（2）各地方劳动局。

（3）各大企业官网。

为防止被骗，大学生在找实习机会时，应特别注意以下方面：

（1）从可靠渠道获取职位信息。

（2）通过多种渠道了解企业背景。

（3）认真确认面试地点。

（4）谨慎签订实习协议。实习协议中应当写明实习薪资、实习期限、终止协议的相关条款。如果用人单位违约或拖欠工资，可以将实习协议作为证据提起劳动仲裁，以维护自身的合法权益。

（5）拒交任何名义的费用。

（6）求职前了解相关法规和劳动政策。

（二）选择实习岗位

在选择实习岗位时应尽量选择与自己专业相匹配或者自己感兴趣的岗位，这样不仅可以学以致用，还可以挖掘自身蕴藏的潜力，为将来就业做好铺垫。

在具体做选择时，我们要摆正心态，客观分析自己的专业知识、沟通技能、思维能力及自身性格、兴趣等，分析实习机会是否能够提高自身能力和素质，进而选择适合自己的实习岗位。

温馨提示

（1）成熟的企业一般会有完备的管理流程和鲜明的企业文化，可以提升实习者的职业素养。而发展中的中小型公司虽然在管理方面不够成熟，但是实习者可以在职业能力上得到较大的提升。

（2）对于实习报酬，要具体情况具体分析，如果实习机会难得，可考虑不要报酬。

（三）在实习中探索个人职业定位

实习是我们探索个人职业定位的好机会。在实习过程中，除了认真完成分配给自己的我们还要主动总结对应岗位的核心能力要求，观察对应职位的上升空间，以及所处行业的发展前景，并以此为参照分析自己是否适合该岗位或行业，判断是否需要调整自己的职业定位。

📖 拓展阅读

大学生选择实习，有人看平台有人注重机会

如今，很多大学生在选择实习时，不再只考虑薪资高低，兴趣、平台和经验等都是他们考虑的因素。

期待提高自我，坚持兴趣至上

在四川一所高校读硕士研究生二年级的潘某某，本科专业是电子商务，硕士研究生所学专业是市场营销，她选择了一份与自己所学专业完全不对口的实习——人力资源。"我对人力资源比较感兴趣，希望在工作中接触到不同的人和事，所以在选择实习的时候我就留意了有人力资源岗位的公司。"

从一开始的不熟悉到后来的熟能生巧，潘某某发现许多学科都是融会贯通的。在她看来，大学生可以根据自己的兴趣爱好选择实习岗位，积累不同领域的经验，确定自己与理想岗位的匹配度。在人力资源岗位实习之后，她总结出了自己的一些经验："虽然以后我也不能确定自己是否从事这份职业，但是在这里实习，让我对未来应聘有了一些经验，知道用人单位看重应聘人的哪些素质，我觉得这一点很重要。"

看重实习平台，注重资源与机会

在成都一所高校读大三的余某某，目前已有过3次实习经历。从大一开始，她就决定毕业直接找工作，她对实习的选择也有着明确的目标。"我主要是根据自己未来的就业方向来选择实习岗位，比较看重公司的平台和行业的前景。大公司的实习比较有含金量，写在简历里比较好看，而且在大公司会拓宽整个人的视野和格局，能够接触更多更好的资源，可以为以后的工作打下良好的根基。"

余某某在选择实习时首选世界500强企业，并且会根据行业的发展和公司的近况对实习的平台和岗位进行评估，再结合自身的情况最终敲定实习意向。

在多次实习中找寻方向

在上海一所高校读大三的沈某有过3次实习经历。大二寒假，她找到了自己的第一份实习，实习单位是一家传统媒体；大二暑假，她去了一家互联网初创企业，做亲子类社交平台的内容输出工作；大三期间，她换了一家有名的互联网公司做运营工作。从传统媒体到新媒体，选择的变化，得益于沈某自身在工作中的不断探索。

阶段不同，需求不同。浙江某大学的辅导员侯老师表示，频繁换实习的同学比较多见。她将同学们在大学不同阶段对实习态度的转变，归于学生在知识掌握和未来道路选择上的变化。"我经常遇到一些大一同学，找实习的唯一要求就是'兴趣'，只要是新奇的、有趣的工作，同学们都跃跃欲试，但他们对实习没有明确的认识。到了大二大三，实习与学分挂钩，更多同学通过实习寻找适合自己的职业。大四的学生选择的实习则与他们未来要从事的工作具有高度吻合性，他们会通过实习积累工作经验，或在实习中寻找转正的机会。"侯老师说。

（四）在实习中提高自身综合能力

进入企业实习后，学生要尽快完成从学生到工作者的身份转变和思路转变，不断提高自己的综合能力。

首先，要清楚工作都是结果导向的。客户需要的是成果，工作评估的也是成果，过程中无论做了多少事，只要没有达成目标、交付成果，都不算完成工作。如果没有产出成果，必须主动协调资源，推动问题解决。

其次，要分清事情的轻重缓急，对时间进行合理安排。不清楚手里的工作孰轻孰重时，要及时向上级领导反映或请示。

再次，对于工作内容切勿眼高手低，要以积极主动的态度认真对待接到的每一个任务，在规定的时间内保质保量完成工作。

最后，还要注意如何与同事进行有效沟通、和谐相处等问题。

📖 **探究与交流**

你选择实习时，比较看重什么？为什么？

三、熟悉实习过程

（一）实习初期

（1）熟悉环境，不做局外人。实习开始后，要尽快熟悉环境，除了自己部门的业务内容，还要大致了解其他部门情况。学习使用打印机、扫描仪等办公设备。

（2）搞清业务关键词。对领导、同事提及的专业名词，做到心中不留疑，第一时间请教他人或查阅相关资料，明白其所指。

（3）多听、多想、多自学。凡事多留心，多问为什么，同时还要学会自学，特别是通过看报告、旁听会议等各种渠道尽快了解工作内容及业务流程。

（二）实习中期

（1）以正式员工的标准要求自己。要把自己当成一个有工作责任感的职场人，积极尝试承担新工作。

（2）做事靠谱，有章法。搞清工作任务，及时汇报工作进度，遇问题先想解决办法再寻求帮助，按时、保质、保量完成工作。

（3）多总结，多反思。要学会回顾工作、总结经验、思考不足。认真思考这项工作的重点环节是什么，如何避免出错，如何改进，如何更好地应对突发状况等。

📖 **小技能**

如何成为优秀的实习生？

让领导做选择题，而非解答题

如果领导要求你策划一场宣传活动，你最好不要让领导做解答题，活动的具体细节等琐碎东西不要麻烦领导来确定。领导都喜欢做选择题，你应提前做好活动的多个预案，向领导汇报各个预案的优缺点，让领导来选择执行哪一个。

不要找各种借口

刚开始实习时，因为不熟悉业务难免会出问题。但要注意，出现问题时不能找各种借口推脱责任。如果说完成不了工作是能力问题的话，那么找各种借口来推脱责任就是态度问题了。这样会给人留下一个特别糟糕的印象。

多做事，少说话

我们要时刻提醒自己来实习的主要目的是提升自我，明白公司招聘你的目的是希望你为公司做出一定贡献，做到在工作期间把精力放在做事上。

提高工作的主动性

对于实习生，公司一般不会安排太多事情。我们在完成自己的工作后，要主动观察或开口询问周围的人是否需要帮助，这样才能在实习中真正有所学、有所悟、有所提高。

（三）实习结束

（1）请实习单位提供一份鉴定，并签字盖章。实习鉴定应写明实习岗位、岗位描述、实习过程中完成的工作或项目、工作评价等。

（2）总结实习，并更新自己的简历。总结实习中的问题和收获，反思自己在哪些方面仍需要提升。及时更新简历，为毕业求职做好准备。

（3）保持联络，获取有效信息。如果毕业后有意到实习单位求职，可根据自身情况申请适当延长实习时间。离开实习单位后，继续保持与单位同事的联络，及时了解业务发展，第一时间获得相关招聘信息。

第三节　勤工助学

随着我国经济发展和教育改革，高校勤工助学不再局限为一种经济资助的手段，更成为大学生实践的重要组成部分。近年来，除了贫困生外，许多家境较为富裕甚至是优越的学生竞相加入高校勤工助学的行列。他们看中的不是勤工助学所带来的收入，而是勤工助学对他们自身成长的重要意义。

↘ 知识链接

互联网＋勤工助学推动大学生创新创业

2019 年，西安某高校一款校园食堂外卖 App 在网上走红。值得一提的是，这个 App 不仅给该校学生创造了一个勤工助学的平台，更像"火石"一样点燃了学生们创新创业的想象力和激情。

勤工助学学生，送餐月入千元

2019 年 2 月 20 日，这款校园食堂外卖 App 正式上线。只要是学校食堂的饭菜，全部都可以在线下单，仅供校内师生使用。参与配送的学生，全部都是学校勤工助学的学生。每个配送员都有指定负责区域，抢单成功后，取餐配送。

胡某是该大学大一的新生，她表示："学习之余还能做一点事，我觉得蛮好。每周五下午她没有课，所以这段时间就是她的固定配送时间，平时有空闲了，还可以继续。每送一小时，底薪是 10 元，每单送完再提成 1 元，如果每天干 3 小时，可以挣到 40 元到 60 元不等，每月下来有近千元的收入。"

推动大学生参与创业

该大学大二学生陈某某曾参与了整个 App 的创建过程。他说，校园食堂外卖的雏形，最早是一个简单的微信群，很不专业。后来，他找到了西安另外一家高校的送餐

App 团队，对方向他提供了相关的技术指导和支持，从而搭建起了从一个系统构造到对接商家的服务平台，满足了用户、商户和配送员三个端口的无缝对接。

"创新创业已成为高校校园里的新时尚。"该校勤工助学平台负责人高某某认为，送餐 App 对勤工助学的学生来说，是很难得的社会实践，对有想法、有技术的学生们来说，则可以鼓励他们把好创意变成好产品，推动大学生参与到创业的浪潮中去。

 你如何看待该校提供的"互联网＋勤工助学"平台？该模式对你有何启发？

在校园生活中，"学习"不仅仅是指学习专业课，只要是跟社会、跟他人的接触交流都能够有所学，对学生来说都是一种成长。勤工助学正是学校给学生提供的一个参与实践、锻炼自身的好机会。

一、活动管理

这里的活动管理是指学生在学有余力的前提下，向学校提出勤工助学的申请，接受必要的勤工助学岗前培训和安全教育，再由学校统一安排到校内或校外的岗位上进行勤工助学活动。学校不得安排学生参加有毒、有害和危险的生产作业以及超过身体承受能力、有碍健康的劳动。任何单位和个人未经学校同意，不得聘用在校学生打工。

📖 拓展阅读

我和勤工助学不得不说的故事

故事一：

某高校周同学在计算机中心做勤工助学工作，她分享道："有一次，一个留学生来咨询，他问我为什么他在寝室上不了网，怎样才可以上网，是不是需要路由器之类的，他是用英文讲的。我英语不是很好，有的单词听不懂，让他重复讲了好几遍才弄明白他的意思，当时我就觉得太尴尬了，同时也意识到学好英语的重要性。"

周同学在工作过程中为其他同学解决麻烦的同时，更深切地认识到自己的不足之处，从而激发了加倍学习以增长知识、开阔眼界的热情。

故事二：

程同学在心理健康教育中心担任学生助理，她的工作内容主要是安排预约，作为咨询者和咨询师之间沟通的桥梁，尽量让咨询者满意。"刚开始因为不太了解工作，不知道怎么处理好一些事情，做了半年之后很多都熟悉了，自己也慢慢地开始享受其中。"

另一位心理中心的助理也深有感触，她说："我觉得我收获最大的一点就是通过自己的讲解，可以让人们明白原本不清楚的东西，当他们发出'哦，明白了'的时候，我心里就觉得特美，特自豪。我也学到了跟人交谈的方法，不同的人要通过不同的方式，要有耐心。"

故事三：

朱同学在传媒博物馆工作，她说："在课余时间来做这些工作其实是不紧张的，不仅能和很和蔼的、知识很丰富的老师们学习，而且还能提高自己的行政办公能力，在虚心学习的过程中变得越来越积极自信。"

此外，这些同学都表示通过自己的努力工作得到报酬是一件十分令人开心满足的事。"自己挣钱是一种很奇妙的感觉，每天工作也很有积极性。一是觉得自己可以挣钱了，花自己的钱也很心安。二是体会到挣钱的不易，对父母辛苦挣钱供我们读书有很大的触动，因此在生活中会尽量克制自己，学会理性消费"，周同学不禁发出这样的感慨。

学生参加勤工助学不应当影响学业，原则上每周不超过 8 小时，每月不超过 40 小时。寒暑假勤工助学时间可根据学校的具体情况适当延长。

📖 探究与交流

如何判断自己是否适合参与勤工助学呢？

二、劳动报酬与权益

1. 劳动报酬

学生参加校内固定岗位的勤工助学，其劳动报酬由学校按月计算。每月 40 个工时的酬金原则上不低于当地政府或有关部门制定的最低工资标准或居民最低生活保障标准，可以适当上下浮动。

学生参加校内临时岗位的勤工助学，其劳动报酬由学校按小时计算。每小时酬金原则上不低于 12 元人民币。学生参加校外勤工助学的酬金标准不低于学校所在地政府或有关部门规定的最低工资标准，具体数额由用人单位、学校与学生协商确定，并写进聘用协议。

校内临时岗位按小时计酬。每小时酬金可参照学校当地政府或有关部门规定的最低小时工资标准合理确定，原则上不低于每小时 12 元人民币。

校外勤工助学酬金标准不应低于学校当地政府或有关部门规定的最低工资标准，由用人单位、学校与学生协商确定，并写入聘用协议。

2. 权益保护

学生在开始勤工助学活动前应当与有关单位签订协议，保护自身的合法权益。学生在进行校内勤工助学前，应当与学校的学生勤工助学管理服务组织签订具有法律效力的协议书。学生在进行校外勤工助学前，应当与代表学校的学生勤工助学管理服务组织、用人单位签订具有法律效力的三方协议书。协议书应当明确学校、用人单位和学生三方的权利和义务，意外伤害事故的处理办法以及争议解决方法。

⬐ 知识链接

申请勤工助学的学生须具备的条件

（1）拥护中国共产党的领导，热爱社会主义祖国，积极践行社会主义核心价值观。

（2）遵守学校各类规章制度，日常行为考核成绩在良以上（含良）。

（3）学习态度端正，成绩合格。

（4）身体健康，生活俭朴，无抽烟、酗酒等现象。

（5）家庭经济困难的学生优先。

三、岗位选择

勤工助学岗位一般分为固定岗位和临时岗位。

（1）固定岗位是指持续一个学期以上的长期性岗位和寒暑假期间的连续性岗位。

（2）临时岗位是指不具有长期性，通过一次或几次勤工助学活动即完成任务的工作岗位。

岗位类型主要包括管理助理、教学助理、科研助理和辅导员助理等。学生可通过学校网站查询详细岗位信息，根据自身情况选择合适的岗位进行申请。

四、面试准备

任何面试都是面试者对求职者筛选的一个过程。对方需要从你提供的信息中判断你是否适合当前的岗位。作为求职者，无论面试何种岗位，都要注重沟通效率，在短时间内充分展示自己的特长、个性、优势、能力等，给对方留下好的印象。

准备面试时，可以从以下问题入手，做好充分准备：

（1）请简短描述你的基本情况。

（2）你有什么工作经验？在工作中有何体验和收获？

（3）你认为此工作岗位应当具备哪些素质？

（4）你如何描述自己的个性？你觉得你性格上最大的优点和缺点分别是什么？

（5）你为什么认为自己适合这份工作？

温馨提示

（1）面试时，可以谈自己勤工助学的经历，但要注意用简洁的语言叙述，切忌啰嗦无重点。

（2）自我介绍时不慌张，尽量把自己踏实、能吃苦的一面展现出来。

（3）如果没有面试经验，可以先上网看看别人面试的情况，然后再结合自己的情况理顺思路，最后再把组织好的话写下来，提出来要点，提前做练习。

实践活动

【活动名称】 "勤工情助学梦"主题演讲

请以"勤工情助学梦"为主题组织一场演讲赛。

【过程记录】

讲稿思路：＿＿＿＿＿＿＿＿＿＿＿＿＿＿＿＿＿＿＿＿＿＿＿＿

写作要点：＿＿＿＿＿＿＿＿＿＿＿＿＿＿＿＿＿＿＿＿＿＿＿＿

演讲准备要点及完成情况：＿＿＿＿＿＿＿＿＿＿＿＿＿＿＿＿＿＿

心得体会：＿＿＿＿＿＿＿＿＿＿＿＿＿＿＿＿＿＿＿＿＿＿＿＿

教师可参考下表对学生的演讲进行评价。

"勤工情助学梦"演讲评价表

评价内容	评价标准	分值	分数	教师评价
演讲内容	契合主题，见解独到	20分		
	材料真实、典型、新颖	10分		
	讲稿层次分明，构思巧妙	10分		
语言表达	吐字清晰，声音洪亮	10分		
	语速适当，表达有节奏感	15分		
形象风度	举止自然得体，精神饱满	10分		
	适当运用手势、表情等辅助表达	10分		
综合表现	演讲效果好，富有较强的感染力	15分		

思考题

1. 社会实践的目的是什么？社会实践有哪些形式？

2. 如何策划社会实践？

3. 社会实践实施的步骤有哪些？

4. 实习的政策与要求有哪些？

5. 实习过程有哪些注意事项？

6. 勤工助学有哪些规定？

第八章 公益服务活动

↘ 学习目标

1. 了解志愿服务的内涵和特征，熟悉志愿服务的原则和类型。

2. 了解成为志愿者的基本条件，熟悉志愿者的权利与义务，认知志愿者的精神。

3. 了解志愿服务的意义和参与志愿服务需要做的准备工作。

4. 了解扶贫支教活动的基本知识。

5. 了解参加扶贫支教活动的注意事项。

课堂导入

青年志愿者为战"疫"贡献青春力量

"很多居民都问我,你怎么想着这个时候(新冠肺炎疫情期间)来当志愿者?刚开始我也很难清楚表达自己的想法,直到那天看到媒体采访一位凉山救火英雄,他说'这个时候一定要有人站出来,……'对,就是这种使命感!作为当代大学生,疫情发生后,我也必须站出来。"马某说。

马某是武昌某学校的大二学生,家住武昌区白沙洲街城南社区。新冠肺炎疫情暴发后,她瞒着父母报名加入了社区志愿者队伍。出生于1998年的马某是城南社区最年轻的志愿者,疫情暴发后,坚守在社区为居民服务。

马某还主动照看着小区里一位年近90岁的"留守爷爷",他的家人被困在外地,自己一个人在家不会做饭。马某经常帮他做饭,还把家里的饺子、肉丸、水果送给他。

马某的父母经营着一个蔬菜摊位,疫情期间一直坚持营业。为了减少病毒传染风险,马某的爸爸很少回家。其实,马某的爸爸也害怕感染,但他更明白附近居民在疫情期间买菜的不容易,大家的基本生活离不开他。正是因为有像马某爸爸这样无数坚守岗位的平凡人,才最终夺取了武汉保卫战的胜利。

"我也像爸妈一样为城市贡献了一份自己的力量……"马某坚定地说。

想一想

(1)你怎么看待马某说的"我也必须站出来"?

(2)你参加过志愿服务吗?谈谈你对志愿服务的认识。

第一节 志愿服务活动

赠人玫瑰,手有余香。参与志愿服务既是"助人",亦是"自助";既能"乐人",亦能"乐己";既是在帮助他人、服务群众、贡献社会,也是在传递爱心、宣扬文化、传播文明,对于促进社会的进步与稳定具有重大意义。

作为大学生的我们,应在日常生活中自觉践行"奉献、友爱、互助、进步"的志愿者精神,积极投身志愿服务,为社会贡献自己的力量。

一、志愿服务含义

志愿服务不是单方面的施予,也不是有大量空闲时间、有一定物质基础的人才能参与的,而是每个人都可以参与的一种公益活动,我们要对参与志愿服务工作有一个全面而正确的认识。

2017 年 12 月 1 日，国务院颁布的《志愿服务条例》（以下简称《条例》）正式实施，它是我国第一部关于志愿服务的专门性法规。《条例》明确指出，志愿服务是指志愿者、志愿服务组织和其他组织自愿、无偿向社会或者他人提供的公益服务。

志愿服务主要包含以下三个方面的含义：

1. 志愿服务是一种由内在的精神动力所支持的活动

在社会上，有这样一群人，他们无怨无悔地牺牲着自己的休息时间，到社区帮扶别人；他们放弃城市里的优越生活，远赴西部大山深处教书育人；他们以奉献为乐的精神到大型社会活动场所维护活动秩序。他们有一个共同的称谓——志愿者！

志愿服务并不是一种简单的服务工作，它是志愿者在志愿精神的感召下，主动地、自觉地开展的社会服务工作。按照联合国志愿人员组织对志愿者精神的理解，可以对志愿精神进行如下解读：

志愿精神是一种在自愿的、不计报酬或收入的条件下参与推动人类发展、促进社会进步和完善社区工作活动的精神，是公众参与社会生活的一种重要方式，是个人对生命价值、社会和人生观的一种积极态度。

无私奉献的志愿精神是志愿服务的精神内核。正是在这种强大的内在精神动力的支撑下，志愿者们志愿贡献个人的时间、精力等，在不谋求任何物质报酬的情况下，从事社会公益与社会服务事业，把关怀带给社会，传递爱心，传播文明，给社会以温暖。

📖 拓展阅读

坚守讲台 20 年激励边疆少年走向广阔世界

2000 年 8 月，我们十几个同学响应党中央西部大开发教育对口支援的号召，怀着为祖国边疆教育事业献身的决心，辗转五天四夜来到新疆且末，站到了且末县中学的讲台上。

这一站就是 20 年。20 年来，每到初春，我们都会和学生一起扛起铁锹、坎土曼走进沙漠，把一棵棵被风刮倒的小红柳、梭梭苗扶好，重新培土，栽埋防风沙的芦苇丛并种下新的红柳和梭梭。

劳作间隙，我和学生们爬上高高的沙丘，围坐在一起。"老师，您是从河北来的，河北什么样啊？""老师，您去过北京吗？看到天安门了吗？爬上长城了吗？"……孩子们总是叽叽喳喳地问我许多问题。我知道，这串小小的问号，就是孩子们对大漠之外世界的好奇与向往。"我们的祖国很大很美，等你们长大了，一定要去走一走、看一看！"我回答。

2. 志愿服务是一种非营利性的活动

志愿服务不是一种用以谋生或营利的职业，而是个体出于奉献社会的意愿开展的社会服务，是一种非营利性的活动。

虽然志愿服务不追求经济报酬，但并不意味着志愿组织的运转不需要资金方面的支持。事实上，现代志愿服务组织和机构要实现发展和维持运转，离不开充足的经费支撑。但志愿服务组织和机构不能违背志愿精神的本质，不能以营利为目的，更不能从自己的服务对象中收取经济方面的回报。

3. 志愿服务是一种有组织的社会公益服务

志愿服务不仅仅是一种助人为乐的简单活动，还是一种系统地、有组织地、自愿地开展的社会公益服务。它作为社会建设和社会管理的重要组成部分，弥补了政府、市场和个人力量的短板，起到了加强国家和个人相互联系的桥梁作用。

总的来说，志愿服务就是由内在志愿精神所支撑的，由自愿自觉的内部动机所指引的，利用个体知识、技能、体能或财富服务社会，不计外在报酬、奖励的一种非营利、公益性活动。

志愿服务有志愿性、无偿性、公益性和组织性四个基本特征，其特征的精髓是奉献精神。奉献意味着无偿，不计报酬地为他人、为社会服务，具有奉献精神的人通常也自发自愿地参加志愿服务。

二、志愿服务特征与分类

（一）志愿服务特征

1. 志愿性

志愿服务必须是个人自愿参加的。这个自愿是主动的而不是被动的，是自觉的而不是被迫的。相关组织可以通过各种方式动员志愿者，但应该让每个志愿者在没有任何压力的情况下自愿投入志愿服务。强制参与、强制"奉献"、募集摊派或变相摊派、对志愿者进行单位化管理等，都不符合志愿服务活动的志愿性原则。

可以想象，如果志愿服务不是每个人都自愿参加的，而是在某些组织或个人的强迫和压力下参加的，其社会意义就会大打折扣。被迫参与到志愿服务之中的人员不是真正意义上的志愿者，他们即使参加了志愿服务活动，也很难持续发挥积极的作用。

2. 无偿性

无偿性是指志愿服务属于无偿行为。志愿服务的提供者从事志愿服务行为，不得向志愿服务对象收取或者变相收取报酬，包括金钱、物质交换或礼物馈赠等形式。但是，志愿服务组织为志愿者提供交通补贴和午餐补贴等并不影响志愿服务的无偿性。

3. 公益性

公益性是指志愿服务必须指向公共利益。根据志愿服务的公益性，营利行为不属于志愿服务，偶发的帮助行为、基于家庭或友谊的帮助行为、仅仅针对特定个人的帮助行为和互益互助的行为也不属于志愿服务。

对服务活动的组织者来说，志愿服务不应该被用来达到公益服务以外的目标，如经济目标，否则就会损害志愿服务者的动机。

对志愿服务者而言，在提供志愿服务时应该始终坚持以利他和公益为基本目标，不能私自进行工作计划以外的服务内容。例如，志愿者不得向服务对象做宗教传道的工作，不得在活动时间内宣传与公益活动无关的事物。

4. 组织性

仅凭个人的热情、爱心、体力，我们往往无法回应复杂的社会需求。志愿服务具有组织性，可以采取社会团体、社会服务机构、基金会等组织形式开展志愿服务，可反映行业诉求，推动行业交流，促进志愿服务事业发展。

志愿服务组织的不断涌现对促进志愿服务活动广泛开展，推进精神文明建设、推动社会治理创新、维护社会和谐稳定发挥了重要作用。志愿服务组织已成为现代社会从事志愿服务最重要的主体。

📖 拓展阅读

专业志愿者组织，新冠疫情中的"英雄"

在战"疫"志愿行动中，专业志愿力量体现了自己的价值。

2011 年以来，壹基金本着属地救援的策略，在全国 19 个省份建立起社会组织协同救灾机制。2020 年 1 月 22 日，壹基金迅速启动响应机制，在筹备一线医护和执勤人员的防护物资、检测试剂盒、医疗设备以及社区防疫和公众在线问诊等方面持续发力，同时联合湖北省内各市县的公益组织，深入当地进行志愿服务。

据统计，截至 2020 年 2 月 16 日，壹基金联合救灾项目中，在湖北省内参与疫情防控的志愿者达 1200 人。而当外部力量难以进入当地时，这些熟悉本地情况、了解社区需求的当地志愿者成了志愿服务中非常重要的一环。

基金会长期协作的企业联合救灾和应急救援机制也发挥了效用。他们迅速在当地政府领导下开展工作，将企业提供的纯净水、安心裤等物资，以及免费的物流运输服务，第一时间用在救援服务中。

中国蓝天救援队（中国民间专业、独立的纯公益紧急救援机构，成立于 2007 年）也出现在疫区一线。淄博市蓝天救援队副队长李华此次带队总计 21 人，前往武汉执行任务，其中一部分负责物资搬运，还有一部分负责消杀任务。参与过上百次救援任务的李华，曾于去年接受过核放生化危机应对培训，在这次志愿服务中起到了很大作用。

（二）志愿服务类型

志愿服务主要领域包括扶贫济困、助老助残、社区服务、生态建设、大型活动、抢险救灾、社会管理、文化建设、西部开发、海外服务等，具体可以分为以下三大类：

（1）以国家政策为导向的志愿服务，如大学生志愿服务西部计划、大学生志愿服务苏北计划等。这类志愿服务以项目为周期，时间较长，往往需要参与者具备一定的资格条件。

（2）由政府职能机构、事业单位（如学校）等组织的官方志愿服务，如奥运会、世博会、亚运会等。这类志愿服务主要以活动、会议为载体，涉及面广，持续时间短，参与者多为临时招募。

（3）由民间自发组织开展的志愿服务，如自然之友、地球村、绿家园志愿者等。这类志愿服务面向不同的群体，专业性较强，参与有一定门槛，持续时间也较长。

↘ 知识链接

志愿者誓词

我愿意成为一名光荣的志愿者。我承诺：尽己所能，不计报酬，帮助他人，服务社会，践行志愿精神，传播先进文化，为社会进步贡献力量！

三、志愿服务活动

（一）志愿者入选条件

2013 年 11 月，共青团中央、中国青年志愿者协会颁布新修订的《中国注册志愿者管理办法》。其中，对注册志愿者的基本条件做出了如下规定：

（1）年满十八周岁或十六至十八周岁以自己劳动收入为主要生活来源者；十四至十八周岁者，须经其法定代理人同意；未满十八周岁的在校学生申请注册的，按所在学校有关规定办理。

（2）具备参加志愿服务相应的基本能力和身体素质。

（3）遵守国家法律法规和注册机构的相关规定。

↘ 知识链接

如何在网上注册成为志愿者？

2017 年，全国志愿服务信息系统（以下简称"信息系统"）已通过民政部验收，正式上线，为实现志愿服务数据信息的互联互通、共享使用提供了便捷平台。

通过系统，社会公众可以便捷注册或为志愿者并参与志愿服务；志愿者可以参与自己感兴趣的志愿团体和项目，记录、转移、接续自己的志愿服务时间；志愿服务组织可以按照规范的流程发布项目、招募管理志愿者、开展服务，实现供需有效对接；党政管理部门可以全面了解志愿服务情况、开展数据决策分析。

（二）志愿服务的权利与义务

1. 志愿者的权利

（1）参加志愿服务活动。

（2）接受相关的志愿服务培训，获得志愿服务活动真实、必要的信息。

（3）获得从事志愿服务的必需条件和必要保障。

（4）优先获得志愿者组织和其他志愿者提供的服务。

（5）对志愿服务工作提出意见和建议。

（6）相关法律、法规、政策所赋予的权利。

（7）可申请取消注册志愿者身份。

2. 志愿者的义务

（1）遵守国家法律法规及团组织、志愿者组织的相关规定。

（2）每名注册志愿者根据个人意愿至少选择参加一个志愿服务项目或活动，每年参加志愿服务时间累计不少于20小时。

（3）履行志愿服务承诺，完成志愿服务任务，传播志愿服务理念。

（4）自觉维护团组织、志愿者组织和志愿者的形象。

（5）在志愿者职责范围内，自觉维护服务对象的合法权益。

（6）自觉抵制任何以志愿者身份从事的赢利活动或其他违背社会公德的活动（行为）。

（7）依法应当承担的其他义务。

↘ 知识链接

志愿者标识与志愿者日

　　注册志愿者标识（通称"心手标"）的整体构图为心的造型（红色），又是英文"Volunteer"的第一个字母"V"，图案中央是手的造型（白色），也是鸽子的造型。标志寓意为中国志愿者向社会上所有需要帮助的人们奉献一片爱心，伸出友爱之手，表达"爱心献社会，真情暖人心"和"团结互助、共创和谐"的主题。

　　每年3月5日是中国青年志愿者服务日，12月5日是国际志愿者日。

（三）志愿服务注意事项

假期期间，不少大学生会选择参与社会实践，参与志愿服务。

（1）学生应首选社会和学校认可的志愿服务平台，避免上当受骗。

（2）不同的志愿服务项目对志愿者的要求不同。在选择具体志愿服务项目时，学生应适当结合自己的特长或专业，或选择那些重视志愿者培训工作的志愿组织，做好充足的心理准备和技能准备。

例如，深入农村的志愿者必须参加组织培训与学习，了解相关法律、法规、农村习俗和农业知识；到边远地区支教的志愿者必须学习教学方法、沟通技巧，掌握除专业之外的广泛的知识和技能；走入社区提供社区服务的志愿者，不能将自己的服务定格在具体的形式和内容上，必须创造出丰富多彩的服务以满足社区不同人员的需求；向社会弱势群体伸出援手的志愿者，必须了解并熟悉当地的孤儿院、敬老院情况，到伤残人士、生活有困难的人家中去，必须想其所想，运用自己所掌握的服务技能提供最贴心的服务。

（3）在参与志愿服务的过程中，应秉承志愿者精神，全身心投入志愿服务活动，坚守岗位，认真负责，积极主动，热心、细心、耐心地为服务对象提供服务，为社会贡献自己的力量。

📖 拓展阅读

志愿者把"专业技能"捐赠到战"疫"中

疫情是一场特殊的"大考"。它残酷而真实地反映出社会方方面面的"知识"积累，也倒逼所有人拿出快速学习的能力去面对未知的"题目"。

在这场"考试"里，志愿服务展现出了巨大力量。无论是积累多年救援经验和协同网络的社会组织，还是医学专家、心理咨询师、医学生等有专业技能的个体，都将"专业技能"作为一种特殊的物资，"捐赠"到了防控疫情的战斗中。

"多一分不为什么的坚持"

罗某是嘉兴学院南湖学院2019级护理专业毕业生，2019年春节期间正在家乡四川峨眉山准备考研复试。2020年1月底，她接到了团眉山市委的志愿者招募电话。23岁生日那天，这位高高瘦瘦的姑娘生平第一次把自己装进了闷热的防护服。

罗某站在四川大学华西医院眉山医院的车辆入口处，不管刮风下雨，都严格对每一个进入医院的人进行预检分诊、测量体温、询问流行病学史，这是医院的第一道防线。春节假期，每天来医院的车辆数以千计，罗某和医院的工作人员常常一站就是5个小时，一直询问，还不能喝水，因为上厕所会浪费防护服。

罗某每天早上6点半起床，再坐40分钟的公交车到医院上岗。她说："让我捐钱捐物资不行，我又没什么财力，但是作为医学生，国家培养我这么多年，这个时候就该去尽一分力。"医院门口的保安夸她有觉悟时，她想起之前一位老师说过的话，你需要"多一分不为什么的坚持"。

↘ 课程实践

【活动名称】　奉献、友爱、互助、进步—志愿服务之行

"给予是一种能力，是一种美德，也是一种幸福。"只有当我们真正投身于志愿者工作时，才能体会到"奉献、友爱、互助、进步"的深层内涵，感受到"赠人玫瑰，手有余香"的美好。

请以5～10人为一组，选择一名组长，组织一次志愿服务之行。确定志愿服务内容，策划活动方案，并组织活动实施，并对活动过程和结果进行记录和评价。视情况开展活动体验交流。

【过程记录】

活动要点：＿＿＿＿＿＿＿＿＿＿＿＿＿＿＿＿＿＿＿＿＿＿＿＿

活动难点及解决方案：＿＿＿＿＿＿＿＿＿＿＿＿＿＿＿＿＿＿＿＿

心得体会：＿＿＿＿＿＿＿＿＿＿＿＿＿＿＿＿＿＿＿＿＿＿＿＿＿

【结果评价】

组长可参考下表对小组成员参与"奉献、友爱、互助、进步——志愿服务之行"活动的情况进行评价。

"奉献、友爱、互助、进步——志愿服务之行"评价表

评价标准	分值	分数小计	组长评价
参与活动全过程	30分		
积极主动参与志愿服务	20分		
达到预期服务效果	20分		
能从中体会奉献的快乐	10分		
在服务过程中传递志愿者精神	10分		
在服务过程中表现优秀	10分		

第二节　扶贫支教活动

1998年7月6日，共青团中央、教育部发布《关于实施青年志愿者支教扶贫接力计划有关政策的意见》（以下简称《意见》）。《意见》指出，为充分开发青年人力资源，促进广大青年在实践中锻炼成长，加强社会主义精神文明建设，同时缓解贫困地区教师数

量不足、质量偏低的问题，根据中央领导的指示，中央文明办、共青团中央从 1998 年开始组织实施青年志愿者支教扶贫接力计划。这项计划以公开招募、定期轮换的方式组织具有一定文化水平的青年志愿者到贫困地区从事 1～2 年中小学教育和科技、文化、医疗等方面的志愿服务。

自此开始，中华大地掀起了扶贫支教的热潮。时至今日，支教活动热度不减，每年都有大量青年学生主动请缨，参与到支教队伍中。

一、扶贫支教类型

从总体上来讲，大学生参加扶贫支教有两种类型：一种是政府部门、学校组织的支教，也就是官方组织的支教；另一种是民间组织发起的支教或个人进行的支教。

（一）官方组织的支教

官方组织的支教活动有多个层次。2003 年，教育部、共青团等部委联合发起的"大学生志愿服务西部计划"，中央财政对该计划给予适当支持，从高校毕业生中招募志愿者，到西部贫困县的乡镇一级教育、卫生、农技、扶贫等单位服务 2 年，服务期间计算工龄。志愿者服务期满后，鼓励其扎根基层或者自主择业和流动就业；愿意报考研究生或报考党政机关和应聘国有企事业单位的，仍可享受上述在艰苦地区工作 2 年或 2 年以上人员的优惠政策。截至到 2018 年西部计划实施 15 年来，已累计选派 27 万余名大学生志愿者到中西部 22 个省（自治区、市）及新疆生产建设兵团的 2100 多个县、市、区、旗基层服务。作为实践育人工程，这一计划对引导具有理想主义情怀的青年人通过西部基层实践，进一步坚定理想信念锤炼意志品格、升华志愿情怀有着不凡的意义；引导和帮助了高校毕业生树立正确的就业观与劳动观，并为他们搭建了到西部、到基层、到祖国和人民最需要的地方干事创业的通道与平台。

共青团中央发起的"扶贫接力计划"采取公开招募和定期轮换的方式，动员和组织青年以志愿服务的方式到贫困地区开展为期半年至 2 年的教育、农业科技推广、医疗卫生、乡镇企业发展等方面的服务工作，服务期满后，由下一批志愿者接替其工作，从而形成接力机制。"扶贫接力计划"实施多年，锻炼了大批青年学生通过自己的劳动奉献社会。

此外，各级省政府也会组织省级的支教活动。各高校则有学校组织的支教活动。大学生可根据自身需要选择报名申请参加。

（二）民间组织或个人支教

很多社会团体，如志愿组织、大学生社团等也会组织大量的支教活动。同时，有些需要教师的学校也会在网上发起需求，有精力的大学生可以自行报名参加支教。

📖 **拓展阅读**

人生的高光时刻

在四川峨边"公益体彩、扶贫支教"项目中支教的陈某来自成都体育学院足球运动学院体育教育专业。因为学院有师兄师姐过来支教，听他们说那里需要专业的体育教师，陈某二话没说就报名了，顺利成为67名支教学生中的一员。

陈某没有想到，一次支教经历会给正处在人生转折点的他指明方向。"其实我来之前，真的没有想到在这里我能体现我的价值。虽然我们在这所学校的时间也就18周，但是看到在我们的努力下这所学校发生的变化，我觉得很值得。这也让我的价值观得到改变"。

大四面临着人生方向的抉择，"我之前想过去做其他的事，但支教之后，我发现国家真的需要我们，需要我们支援这些地区的建设。我已经下定决心参加公务员选调生考试，到乡镇，到需要我们的地方去"。

做这样的选择还有一个深层的原因。陈某来自四川泸州古蔺县，古蔺县也是一个国家级贫困县，父母也是当地村的小学教师，陈某从小就生长在那里。因为国家的扶贫政策，这些年看到家乡的变化，陈某表示："国家现在有这么好的政策，不管是家乡还是峨边，条件都很明显地变好了，而且发展得特别快。我们要支持贫困地区的教育事业，要让他们看到外面的世界，同时把正能量的思想带进来。我来这里当老师也是受父母的影响，教育是最能改变思想的事业，我就想贡献我的一份力量，带动当地教育的发展。"

"把这里当作发挥人生价值的平台，把我们平凡的工作做好，就是一件非常伟大的事情。身在井隅，心向星光，眼里有诗，自在远方，做好最平凡的事，就是所追寻的远方。我是这么说的，也想这么做。"陈某说。

二、扶贫支教注意事项

大学生参加扶贫支教活动，要注意以下事项：

1. 做好心理准备

大城市里有便利的交通、网络条件和物流设施，使大学生们的生活养成了快节奏、便利化的特征。然而，很多偏远地区的经济仍然相对落后，那里的人们生活相对简朴，没有大城市的繁华和喧器，同样也没有大城市便利的生活设施。因此，大学生要做好过苦日子的心理准备，静下心来，学会动手照顾自己的生活，之后才能在支教中真正做到帮助他人。

2. 充分理解和尊重当地教师的意见

当地教师经过多年的经验积累，对本地区、本班学生的基本情况更为了解，也在实际教学中积累了更多的经验，他们总结出的一套教学管理体系、办法和技巧往往是"接地气"的。大学生初来乍到，对当地情况不了解，仅凭在校期间学习的教育理论就想从根本上打破原有的教育氛围，是不切实际的。如果有更好的建议，要和当地教师进行深入的沟通和交流，达成一致意见后才能循序渐进地实施。毕竟，教育不是一朝一夕之功，要在实践中慢慢摸索，慢慢总结。

3. 创新教学方法和理念

到底用什么方法能够激发学生的学习兴趣，培养学生养成良好的学习习惯，是教师一生的必修课。大学生要在有限的支教时间里多学习教育理论，多研究教育案例，多实践总结，方能从中有所收获。

4. 切忌用物质鼓励学生

支教的本意是输出知识的力量，而非物质的力量。因此，支教大学生切忌大肆发送物品，以图博得学生的欢心和自己的满足。适当的奖励可以，但千万不要发放无度，否则便不能帮助学生树立正确的价值观，一旦教师离开或物质刺激终止，学生的负面情绪则会很大，造成适得其反。

5. 尊重当地风俗习惯

支教大学生要尊重当地的风土人情，尊重当地居民的生活习俗，切不可挑战。尤其是进入少数民族地区支教的大学生，更要提前学习该民族的风土人情，尊重他们，理解他们，向他们表达友爱。

📖 拓展阅读

搭起山区支教"云课堂"

"对，是'鞭'，'快马加鞭'的'鞭'，非常棒！"在屏幕那头，希望小学的孩子们认真听讲，踊跃作答；在屏幕这头，陕西师范大学的研究生们生动讲解，耐心引导……一块屏幕为孩子们打开一片新天地。

2020年3月，陕师大的一群"95后"研究生积极响应学校号召，为地处陕南山区的商洛市山阳县刘家村希望小学搭建起支教"云课堂"。

2004年，陕师大为山阳县捐资建起刘家村希望小学。这里是该校研究生社会实践和志愿服务基地，10多年来，一批批陕师大学子赴刘家村希望小学接力支教。

新学期，新冠肺炎疫情给这所小学带来新的问题。"山区网络资源、经济条件有限，往往一家两个孩子只有一部智能手机。年龄稍大的老师对课堂软件也比较陌生。"刘家村希望小学校长李业强一筹莫展。得知情况后，陕师大研究生会、"行知"公益社当即倡导启动了"大手拉小手停课不停学"研究生网络义务支教活动，该校54名研究生踊跃报名，搭建起爱心"云课堂"，为180多名山区贫困家庭孩子送去关爱。

志愿者们协助当地教师，通过一对多的假期网络课堂对接一至六年级各班级，对孩子们进行语、数、外等科目的课堂教学和课业辅导。他们还开展爱国主义教育、讲解科学防控知识，主动对接有实际困难的家庭，通过微信、QQ等平台开展一对一辅导。

研究生虽然有很重的科研压力，但这没有影响他们"云支教"的热情。他们很快进入角色，自己制作PPT、紧急拍摄教学视频，将微博、美拍等新媒体方式融入课堂，孩子们的学习积极性一下子被点燃了。

↘ 课程实践

【活动名称】　参加扶贫支教体验活动

通过当地政府、学校或志愿者组织，让学生参与到扶贫支教活动中。视情况按5～10人一组，活动中要做好活动体验记录，主要记录活动要点、难点，存在的问题及解决办法，心得体会等。组长或带队老师要对活动结果进行评价，活动结束后可以组织开展活动体验交流。

思考题

1.什么是志愿服务？志愿服务有哪些类型？

2.志愿服务的原则是什么？

3.志愿服务的精神内涵有哪些？

4.注册成为志愿者的基本条件有哪些？如何注册志愿者？

5.志愿者有什么权利与义务？

6.扶贫支教活动有哪两种？

7.参加扶贫支教活动应注意哪些问题？

第九章 劳动安全

学习目标

1. 了解树立安全意识的必要性。
2. 了解大学生应树立哪些方面的安全意识。
3. 掌握劳动中的安全知识。
4. 熟悉常用急救技能、防疫卫生知识。
5. 掌握常见劳动事故的应急处置方法。

课程导入

2008 年 8 月 10 日，在改建工程莲河桥 1 号桥工地上，被告人吴某某（现场负责人）在既没有按照施工方案内容和项目部技术主管技术交底内容对现场工人进行作业前技术交底，也没有采取相应的安全防护措施的情况下，即让唐某某带领 14 名工人对 1 号桥工地进行绑扎钢筋施工。由于作业班组在施工过程中，搭设的单排外脚手架，且立杆间距过大，东西两侧斜撑数量不够，南北两侧没有斜撑，造成排架失稳，下午 18 时 15 分左右，排架带动竖筋由南向北坍塌，造成 3 名工人死亡，4 名工人受伤，直接经济损失 110 万元。

被告人吴某某作为工程现场负责人，明显违反国家相关规定，在劳动安全设施和安全防护不到位的情况下进行施工，致使脚手架倒塌，造成重大人员伤亡和经济损失，情节特别恶劣，其行为已构成重大劳动安全事故罪。

安全是指不使人体受到伤害，物体受到损伤或破坏，或者说不必为可能受到伤害或破坏而担心。劳动安全是以防止职工在职业活动过程中发生各种伤亡事故为目的的工作领域及在法律、技术、设备、组织制度和教育等方面所采取的相应措施。

第一节 劳动安全意识

近年来，随着中国经济的不断发展，人们的生活水平不断提高，中国的经济建设突飞猛进，同时也带来了诸多的问题，其中安全问题成了人们工作和日常生活中永恒的主题。

一、劳动安全意识的作用

习近平总书记高度重视安全生产工作，在党的十九大上指出，要树立安全发展理念，弘扬生命至上、安全第一的思想，健全公共安全体系，完善安全生产责任制，坚决遏制重特大安全事故，提升防灾减灾救灾能力。谈到安全生产，耳熟能详的一句话就是"安全第一，预防为主"。预防安全事故的发生是安全生产工作中最重要的一环，是保障安全生产的前提，而这个前提的前提是树立安全意识。

古语云："君子不立于危墙之下。"这句话讲的是做人的道理——君子要远离危险的地方。这包括两方面：一是防患于未然，预先觉察潜在的危险并采取防范措施；二是一旦发现自己处于危险境地，要及时离开。在现实生活中，这一防微杜渐的观念是十分必要的。涉世未深的大学生如果连基本的安全知识都不懂，不具备自我保护能力，将很难面对成长道路上的重重困难和考验。大多数学生往往在事故发生之前毫无"危墙之下"的意识，抱有侥幸心理；而在遇到紧急情况或突发事故时又不知所措。因此，树立安全防范意识是十分重要的，不仅可使学生在未来的人生路途上获益良多，而且能减少缺乏安全知识的教育造成的损失甚至悲剧。

在日常生活和生产中，具有强烈的安全意识是非常重要的。安全意识的增强有利于人们自觉执行相关的安全规章制度，减少违章违纪行为；有利于人们不断提高对危险的认知能力，主动排查身边存在的各类事故隐患，有利于消除习惯性违章作业，提高职工反"三违"（违章指挥、违章操作、违反劳动纪律）的主动性和积极性，防范事故的发生。生命对于每个人来说都只有一次，树立安全意识既是对自己负责，也是对家人负责。

📖 拓展阅读

缺乏安全意识导致的重大生产事故

2019年3月21日下午14时48分左右，位于江苏省盐城市响水县陈家港镇的江苏天嘉宜化工有限公司发生爆炸事故，爆炸形成了直径120米积水覆盖的圆形坑。据测算，此次爆炸的威力相当于2吨多tnt。爆炸中心300米范围内的绝大多数化工生产装置、建构筑物被摧毁，造成78人死亡，600多人受伤，直接经济损失19亿多元。经调查，生产安全管理混乱、缺失，事故企业安全生产主体责任不落实，相关政府有关部门监管责任履行不到位等，是导致事故发生的共性问题。

"3·21"事故中，天嘉宜公司无视国家环境保护和安全生产法律法规，长期刻意瞒报、违法贮存、违法处置硝化废料，安全管理混乱。有关环保评价机构出具虚假失实文件，导致事故企业硝化废料重大风险和事故隐患未能及时暴露，干扰误导了有关部门的监管工作。响水县和生态化工园区安全发展理念不牢，重发展轻安全，招商引资安全环保把关不严，对天嘉宜公司长期存在的重大风险隐患视而不见，复产把关流于形式。

二、劳动安全意识的培养

当前，我国治安环境总体稳定，党带领人民群众正在努力推进社会主义现代化建设事业，社会生产力不断向前发展，人民生活水平逐渐提高。同时，教育事业也随之得到快速发展，校园安全问题受到高度重视。大学生要主动树立安全意识，正确判断周围的环境，保证自己的安全，确保顺利完成学业。

社会发展到今天，校园对社会的开放程度越来越高。大学生面临的各种不安全因素在逐年增多，大学生受到的非法侵害案件和与大学生有关的安全事故的数量也在逐年上升。如果大学生因为安全问题而出现意外，不仅其个人的学业、财物、身心健康会受到影响，而且会给家庭带来不安和痛苦。因此，大学生要认真学习安全知识，知晓应树立哪些方面的安全意识，增强自我保护能力。这样才能做到居安思危、有备无患。

（一）遵纪守法和文明修身的意识

大学生要树立安全意识、安全观念，首先要加强自身修养和增强法律意识，要学法、懂法、用法；其次要强化文明修身的意识，提高自己的道德素质，避免受到不安全因素的威胁。

（二）认知安全形势的意识

安全隐患早知道，就是要对社会安全形势有一个全面的认知。虽然当前社会安全形势基本稳定，校园安全状况好于社会整体水平，但随着经济的发展和社会的不断转型，大学生所处的安全环境也发生着变化，大学生面临的安全形势应引起社会重视，大学生自身更应对安全形势有正确的认知。

（三）自我防范的意识

大学生要树立自我防范意识，对安全隐患要有心理准备，做好自我保护，尽量避免不安全因素对自身的伤害。

（四）面对突发事件的应变意识

有些不安全事故的发生是没有预兆的，这就要求大学生有面对突发事件的应变意识。这方面意识的培养，有利于大学生在面对突发事件时能在最短的时间内作出判断，第一时间采取措施帮助自己和别人脱离危险，而不是因害怕、应变能力不够而丧失逃生和减少损失的机会。大学生要有这方面的意识，就要在平时注重加强相关知识储备及应变能力的培养。

（五）维护国家安全的意识

公民有维护国家安全的责任和义务，大学生作为国家未来的建设者和可靠的接班人更要有这种意识，要保持高度警惕，对国家秘密严格保守，维护好国家安全，不透露任何涉及国家安全的信息，在面对危害国家安全的行为时要勇于斗争、用智慧斗争。

第二节　劳动中的安全工作

一、顶岗实习安全

加强安全管理工作是职业学校顶岗实习工作顺利进行、切实提高顶岗实习质量的重要保障。近年来，职业学校学生顶岗实习安全事故频频发生，职业学校学生顶岗实习期间缺乏必要的安全保障。职业学校必须有效防范和妥善化解学生实习的风险，保障实习学生的权益，消除学校、企业、家长的后顾之忧，促使顶岗实习安全有序地进行。在顶岗实习中一旦出现安全问题，不仅影响顶岗实习的正常秩序，还对学生本人及其家庭造成无法挽回的损失。

（一）顶岗实习中常见的安全事故

因缺乏工作经验和实践经验，顶岗实习学生在工作时间可能会出现岗位操作的安全问题，如实习单位本身的设备问题引发的事故，生产过程中实习学生的违规操作造成的人身伤害事故，学生自身的过激行为引发的安全问题，等等。造成事故的最直接原因主要是顶岗实习学生的不安全行为和设备的不安全状态。

1. 不安全行为

顶岗实习中的不安全行为是指实习人员违反安全生产制度和安全操作规程的行为。其主要表现为：在正常或非正常精神状态下因判断错误而进行的错误操作，因知识和经验缺乏而进行的不安全作业，不使用或不按规定正确使用劳动保护用品，忽视确保安全的操作与警告，岗位操作中使用不安全的工具，岗位操作中在不安全的位置进行作业，等等。

⬊ 知识链接

《企业职工伤亡事故分类》（GB6441-1986）中将人的不安全行为归纳为 13 大类，具体如下：

(1) 操作错误，忽视安全，忽视警告；

(2) 造成安全装置失效；

(3) 使用不安全设备；

(4) 手代替工具操作；

(5) 物体（成品、半成品、材料、工具、切屑和生产用品等）存放不当；

(6) 冒险进入危险场所；

(7) 攀、坐不安全位置（如平台护栏、汽车挡板、吊车吊钩等）；

(8) 在起吊物下作业、停留；

(9) 机器运转时加油、修理、检查、调整、焊接、清扫等工作；

(10) 有分散注意力行为；

(11) 在必须使用个人防护用品用具的作业或场合中忽视其使用；

(12) 不安全装束；

(13) 对易燃、易爆等危险品处理错误。

2．不安全状态

顶岗实习中的不安全状态是指导致事故发生的物质条件，主要包括物体、作业环境等潜在的危险。不安全状态具体表现为防护、保险、信号灯装置缺乏或有缺陷，岗位设备、设施、工具等有缺陷，实习学生个人防护用品或用具有缺陷，岗位或生产环境差等。

（二）岗位操作安全事故预防与处理

📖 **拓展阅读**

危险化学品事故

2020 年 2 月 11 日 19 时 50 分左右，位于辽宁葫芦岛经济开发区的辽宁先达农业科学有限公司烯草酮车间在试生产过程中，原料氯代烯丙基氧胺储罐发生爆炸，共造成 5 人死亡、10 人受伤。事故的直接原因是：作业人员操作错误，将丙三酮与氯代烯丙基氧胺同时加入氯代烯丙基氧胺储罐内，原料在储罐内发生反应，导致原料温度升高、分解爆炸。

1．上岗前加强劳动安全教育

在顶岗实习前，学校要根据学生将要参与的顶岗实习企业及岗位做好安全教育工作，安排专题安全教育。学校应积极创新安全教育学习方式，在集中培训、专题讲座等常规模式的基础上，充分利用新媒体如微博、微信、QQ、手机新闻报、电子杂志等形式，进行安全法治宣传，组织一些典型的宣讲活动进行示范、警示教育。

在顶岗实习前，实习单位要对实习学生进行安全生产培训。针对学生的顶岗实习的实际情况，重点培训安全实习的相关制度，如安全用电制度、安全生产制度、产品的安全包装制度等，要求学生提高劳动纪律观念，在操作过程中要步调一致，不得随便拆卸机械零件或点击不熟悉的按键；遵守安全操作规程，防止刀伤、碰伤、撞伤、砸伤、烫伤、踩空跌倒及身体被卷入转动设备等人身事故和设备事故的发生；要服从实习指导教师的工作安排，对重大问题应事先向实习指导教师反映，共同协商解决，学生不得擅自处理。学校和实习单位要保证顶岗实习学生具备必要的安全生产知识，掌握本岗位的安全操作技能。未经安全生产教育和培训的实习学生不得上岗作业。

2．岗位上严格遵守操作规程

在顶岗实习工作岗位上，实习学生应严格遵守以下生产岗位安全操作规程：

（1）明确生产实习任务，遵守安全操作规程，严格遵守劳动纪律。严格执行交接班制度、巡回检查制度，禁止脱岗，禁止做与生产无关的一切活动。

（2）在短时间内与自己的实习指导教师建立起较好的师生关系，在工作中要积极主动，遵守纪律，认真执行岗位安全操作规程，防止发生人身伤害事故和设备事故。

（3）操作前，必须全面检查设备有无异常情况，对转动设备应确认无卡死现象、安全保护设施完好、无缺相漏电等，并确认无人在设备内作业，方能启动运转。启动后若发现异常情况，应立即停机检查原因并及时反映。

（4）严格遵守特种设备管理制度，禁止无证操作。正确使用特种设备，开机时必须注意检查，发现不安全因素应立即停止使用并挂上故障牌。

（5）按章作业，搞好岗位安全文明生产，发现隐患（特别是对泄漏易引起火灾的危险部位）应及时处理及上报。及时清理杂物、油污及物料，切实做到安全消防通道畅通无阻。

3．发生安全事故要及时妥善处理

岗位操作安全事故大多是机械性伤害。若是轻伤事故，则应立即关闭运行中的机械设备，保护现场，对伤者进行消毒、止血、包扎、止痛等急救措施，尽快将伤者送往医院进行处理。若是重伤事故，则应立即关闭运行中的机械设备，保护现场，及时向有关部门汇报，立即对受伤部位进行临时处理，并立即拨打120急救电话求救。

二、社会实践安全

社会实践是人才培养的重要环节，是提高学生实践能力、创造能力、就业能力和创业能力的重要途径与手段。近年来，在党和政府的高度重视与大力支持下，社会实践在育人环节中的作用更加突出。然而，学生在实践实训过程中往往需要离开学校，深入社会，走进企事业单位、社区、农村等，由于学生社会经验相对欠缺，安全防范意识和技能不强，导致安全问题时有发生且呈现上升趋势，有些安全事件对学生本人及其家庭和学校造成了无法弥补的损失。

（一）社会实践中的交通安全

交通安全是实践实训出行中需要注意的第一安全，学生在前往实践地和返校过程中都需要使用交通工具。为确保人身安全，避免发生交通安全事故，在外出过程中应做到以下几点：

（1）遵守交通法规。加强交通法规的学习，严格遵守交通规则。

（2）关注外出天气。避免在危险天气，如台风、大雪、冰雹等天气外出调查。

（3）注意车辆安全。不乘坐"三无"（无车牌、无行驶证、无营运资格）的"黑车""黑船"，应当尽量到正规的车站或轮渡口购买正规车票、船票，不乘坐状况不好的车、船，拒绝乘坐严重超载的车、船。

（4）关注交通状况。在乘车过程中，不要把头、手伸出窗外；下车时，应等车辆停稳，同时注意公路上的交通状况。

（5）妥善处理交通事故。若不幸发生交通事故，应当由当地交通安全管理部门依照交通安全法律、法规进行妥善处理。

（二）社会实践中的人身安全

人身安全至关重要，在实践实训过程中要特别注意人身安全。具体而言，应当做到以下几点：

（1）避免单独行动。尽量避免单独行动，个人单独进行实践实训活动时，应当随时与亲人、学校、调查访谈单位保持联系。

（2）尽量低调行事。参加实践实训时，应尽量低调行事，防止因财物外露或个人激烈行为而遭到不法分子侵害。

（3）遵守法律法规。外出时，自觉遵守各项法律法规，时刻注意安全，避免发生意外事故。

（4）注意防止性侵。学生在实践实训中更应该注意人身安全，穿着要得体大方，不穿暴露的衣服，避免在夜间单独外出活动，以防遭到性侵害。

（5）携带常用药物。学生参加实践实训活动时，可以自带一些常用的药物（如晕船晕车药、感冒药、防中暑及腹泻的藿香正气水等），在出现一般常见病时对症服药；病情严重时，应及时就医。

📖 拓展阅读

> **误入传销丧命**
>
> 2017年5月20日，李文星被传销组织人员陈某以招聘为由骗至"蝶贝蕾"传销组织天津静海一处窝点，该组织的"大导"艾某某指使陈某某、张某等人采用锁门、跟随看管、控制手机限制其与外界通话等方式限制李文星人身自由。2017年6月上旬，胡某接替艾某某成为新寝室长，继续安排人员对李文星进行看管、限制人身自由。李文星于2017年6月中旬被转移至该传销组织其他寝室。2017年7月14日，李文星的尸体在静海镇新104国道153千米700米处的水坑内被发现。经检验，李文星系溺水死亡。天津市静海区检察院已于2018年5月11日对6名传销组织成员提起公诉。

（三）社会实践中的财产安全

学生在劳动教育，尤其是顶岗实习、勤工助学、社会实践的过程中，经常会遇到与安全有关的问题。这些问题复杂多样。概括起来，主要的安全问题包括盗窃、抢劫、诈骗等。而且，这些问题不仅存在于顶岗实习、勤工助学和社会实践中，在学生的日常生活和学习中均有涉及。

1. 防盗窃

无论是宿舍、图书馆、车间、办公室还是浴室及其他地方，若发现被盗，一定要保持头脑清醒，不要大呼小叫。例如，回宿舍、办公室时，如果发现门窗被打开，或者玻璃被打碎、纱窗被割破、室内物品被翻得比较乱等情况，要第一时间想到这是室内发生了盗窃。遇到这种情况，头脑要清醒，不要急于到室内查找自己的物品。

（1）及时报案。发现被盗，要立刻报告学校保卫部门或公安机关，请他们第一时间到现场进行调查了解。

（2）保护现场。要保护好不法分子留下的现场，任何人不要进入室内，以便公安人员在现场提取不法分子留下的痕迹。

（3）随机应变。进入房间时，若恰逢盗贼作案，应该在保证自身安全的情况下，义正词严地大声呵斥，或高声呼喊同学、保安前来支援，共同将不法分子擒获。在孤身一人的情况下要与不法分子保持一定距离，谨防不法分子行凶伤人，可随手拿起身边的棍子、板凳、砖头等进行自卫。

（4）配合公安保卫工作。发生盗窃案件后，要配合公安保卫部门查破案件，如果发现存折或汇款单丢失，要马上到银行挂失。

2. 防诈骗

学生群体因生活环境单一、社会阅历较浅而具有独立性差、好奇心强、识别力差的特点，也正因为如此，许多诈骗组织和个人将触角伸向学生，致使许多学生的财产受到损失，严重影响了社会的稳定与和谐。一旦发现自己被骗，要果断抽身，采取以下措施降低损失：

（1）细致留心除疑虑。发现自己可能上当受骗，在与对方交往时，应细心观察其一言一行、一举一动，看对方神态表情是否自然镇定，举止动作是否慌张，言语之间是否前后一致，所持证件是否真实可靠，以此来消除自己的疑虑或为以后提供证据做准备。如果有必要，可以找同学、老师或相关人员商量，听取他人的意见，千万不能粗心大意、马马虎虎。

📖 拓展阅读

应聘兼职成义工

某广告公司在招聘网站上发出招聘需求，招聘3名在校学生做兼职设计师。经过初试后，有10名学生进入复试。小新是其中一名进入复试的学生。复试的考核内容是一道设计题，要求应聘学生为某一产品设计一款平面广告。一周后，10名学生相继提交了自己的设计作品。该广告公司以人力资源部需要综合考评为由，让求职学生回学校等消息。之后，该广告公司便没了音信。后来，小新在地铁的广告牌上发现了自己设计的作品。小新打电话到该广告公司，该广告公司拒不承认该作品为小新原创，坚持说该作品为公司设计师的原创作品。小新觉得自己上当受骗了，但又不方便走法律程序，便不了了之。

（2）巧妙周旋找破绽。如果在交往过程中认为对方存在可疑之处但又不敢肯定，不妨与其巧妙周旋，采取一定的谈话、交往策略旁敲侧击，以便从中发现对方的破绽，来验证自己的揣测。在进一步排查之前，千万不能泄露与自己财物有关的信息给对方。

（3）从容镇定巧脱身。如果在与对方周旋的过程中发现陷入骗局，千万不要惊慌失措，更不要与对方大吵大闹，以防止对方狗急跳墙，采取暴力措施。不妨镇定下来，找借口使对方放松警惕，待脱离对方的控制后，用其他方式挽回损失。

（4）理智冷静做善后。如果不法分子已经得手而逃，应该尽快从被骗的噩梦中清醒过来，及时向公安部门报案，而不是自怨自艾，贻误破案时机。在被骗之后报案的同时，要积极向学校保卫处和公安机关提供不法分子的相关线索，包括不法分子的体貌特征和遗留下来的电话信息、身份证件、文字资料等，这些都是保卫部门和公安机关抓获不法分子、挽回损失的重要线索。

3. 防抢劫

抢劫具有较大的危害性、骚扰性，往往转化为凶杀、伤害、强奸等恶性案件，严重侵犯学生的财产及人身权利，威胁学生的生命安全，造成学生生命健康及精神上的损害。学生只有提高自我保护能力和自我保护意识，才能避免自己成为受害对象，并在危急时刻保护自己的生命安全和财产安全。

（1）不带大量现金。现金是不法分子抢劫的最主要目标，要将现金及时存入银行，学费最好通过银行转账，平时只带少量的零花钱。若必须携带大量现金，一定要贴身放置，不要向他人炫耀。

（2）外出结伴而行。不法分子实施抢劫的对象多为独行者，因此外出时，应结伴而行，避免独行晚归。深夜尽量不要单独出行，特别是女生，外出时最好有同学同行，或者携带防卫工具。

（3）不走偏僻小道。很多校园树林茂密，给不法分子提供了作案条件，学生尽量不要到人烟稀少、环境阴暗偏僻的地方，如后山树林等地闲游、散步或谈情说爱。

（4）牢记校规校纪。深夜外出、晚归或通宵在外不归容易给不法分子作案提供了机会。大学都有相应的纪律规定，如按时就寝、不得擅自在外租房、不得晚归等，要自觉遵守。

（5）穿戴朴素得体。学生在穿着打扮上张扬个性、过分时髦、刻意炫富，极易给自己埋下祸根。学生的穿着应以整洁、大方、朴素为主，外出穿戴应以方便为原则。

（6）遇事机灵大胆。在路上，如果发现有人尾随或窥视，不要紧张不安、露出胆怯神态。可回头多盯对方几眼或哼首歌曲，并镇定地改变原有路线，朝有人、有灯的地方走，或者拨打手机通知他人接应。如果发现对方带有凶器，可暗自报警。

三、劳动场所安全

不同的劳动场所有不同的安全事项，具体如下：

（1）劳动场所应当保持整洁，原材料、半成品、成品必须码放稳固，废料、废物应当及时清除，工具应当在固定位置存放。

（2）厂（场）区道路应当平坦、畅通；拐弯、交叉口和作业地段必须设置明显的交通标志和警告牌示。在通道上空架设管、线、栈桥，应当符合国家标准。搭设的便桥应当牢固，并设有扶手和防滑设施。固定式的钢直梯、斜梯和固定式工业平台应当符合国家标准。厂（场）区内绿化应当符合安全生产的有关规定。

（3）生产需要的坑、口、壕、池必须加盖或者设置围栏。施工挖掘的坑、沟应当设置护栏，在夜间和能见度差的天气应当设置警示灯。

（4）建筑物必须坚固，结构应当符合安全规定。堆放物品的荷重不得超过建筑物设计负荷。禁止利用设计上不允许的屋架或者屋面梁作为起重梁架。生产用房应当符合国家有关设计规范，禁止生产、仓储用房与居住用房合用或者连接。

（5）经常有水、油脂或者其他液体的劳动场所，应当设有排水、防滑、防腐蚀、防渗透的设施。

（6）机器和工作台等设备、设施的布置，应当便于劳动者操作。通道宽度不得小于1米。起台应当设置围栏，围栏高度不得低于1.05米。机械设备或者流水作业线的危险空档，应当用栅栏封闭；因工作需要穿越时，应当搭设安全过桥。

（7）劳动场所的光线和工作地点局部照明，应当符合采光、照明的设计标准。

（8）室内劳动场所通风换气条件必须良好。室内工作温度达到国家规定的高温或者低温作业标准时，应当采取降温或者取暖措施。

（9）露天作业场所应当采取防晒、防寒、防雨、防风、防雷击等防护措施，并为长期从事露天作业的劳动者提供休息场所。

（10）在架空输电线路下，禁止起重机械作业；在一侧起重吊装，必须保持规定的安全距离；从事其他作业，应当采取预防触电的措施。

（11）阵风风力6级以上，不得在露天高处作业或者起重作业。因故障、灾害急需抢修或者有特殊生产作业需要的，必须采取相应的安全措施。

（12）爆破作业场所必须划定安全距离，设置警戒标志，并指定专人警戒。

（13）进入洞室、井坑、管道、容器和船舱等空气不畅通的场所作业，应当采取通风、排气、检测、专人监护等防护措施。

📖 **探究与交流**

如果不注重劳动场所安全，会给我们带来哪些意想不到的后果呢？

四、实验室安全

实验室已成为学生学习、研究的重要场所之一，而实验室中的设备、仪器、药品在使用、保存时都有一定的危险，稍不留神就会发生割伤、触电、中毒、烫伤、着火和爆炸等意外事故，或危及个人、他人人身安全，或损害国家、学校财产。

📖 拓展阅读

实验室爆炸事故

2018 年 12 月 26 日，北京某大学市政环境工程系学生在学校东校区 2 号楼环境工程实验室进行垃圾渗滤液污水处理科研实验期间，实验现场发生爆炸，事故造成 3 名参与实验的学生死亡。

（一）实验室安全事故预防措施

预防实验室发生安全事故，要从安全意识、操作规范、安全制度等各方面多管齐下。

1. 树立实验室安全意识

在进入实验室之前，必须认真学习实验室规则，提高安全意识，并把这种意识付诸实践。例如，动手做实验前检查自己的实验步骤是否合理，实验过程中所用药剂是否会产生有害化学反应（是否会释放有害气体，是否会产生有害残渣、废水）；若实验产生危险则废物该如何处理；该使用的防护工具是否到位，手套是否佩戴；等等。做好这些细节往往会避免一些惨剧的发生。

2. 做好实验首尾工作

在进行实验前，首先应详细了解实验室的逃生通道，掌握不同灭火器、灭火毯和淋浴器的位置及使用方法；其次，应详细了解实验内容，理解实验原理及具体操作步骤，减少危险的发生，降低风险系数。实验结束后要洗净双手，关闭电源、水源、气源，处理实验"三废"（废水、废气、废渣），清扫易燃纸屑等杂物，消灭安全隐患。

3. 遵守安全制度

为明确实验室的安全管理和纪律，确保实验室开展的各项检测工作能在安全、健康的环境下运行，确保人身财产安全，各实验室均有《实验室安全管理制度》等相关的规定。首次进入实验室的实验人员应接受实验室安全教育。

所有实验必须按操作规程进行。凡有危险性的实验必须在实验室主任（或教师）的监护下进行，不得随意操作。实验中，实验人员不得擅自离开岗位。

实验室应配备相应种类和数量的消防器材与设施，由专人管理，使其保持良好的备用状态，发现短缺或失效应立即报告保卫部门，予以补充或更换。实验室工作人员应掌握基本的灭火方法，会使用所配备的消防器材和消防设施，能根据不同原因引发的火情采取相应的灭火措施。

学生应遵守实验室的一切规章制度，听从教师指导，保持实验室的整洁、安静。实验前必须认真预习，明确实验目的、原理和方法，熟悉仪器设备的性能及操作规程，做好实验前的各项准备工作。在实验过程中要严格遵守操作规程，仔细观察，详细记录，注意安全。实验结束后，应及时切断水源、电源、气源，检查仪器设备、工具及材料，做好实验室的整理、卫生工作。

（二）实验操作的基本常识

实验操作的基本常识包括实验员穿戴常识，一般药剂使用常识，易燃易爆和具有腐蚀性、有毒药品使用常识。

1. 实验员穿戴常识

进入实验室必须穿白色工作服，以便及时发现是否溅有化学药品；做实验时要戴护目镜和防护手套；在进行危险实验时应戴防毒面具；做有辐射危险的实验时应穿防辐射服；长发者应将头发盘起，卷入帽内。

2. 一般药剂使用常识

试剂不能用手接触；试剂的量应按照实验资料中的规定使用；瓶塞应夹在手指中或倒置于桌上，用完试剂后，一定要把瓶塞盖严；不要把瓶塞和滴管乱放，以免在盖瓶塞和放回滴管时张冠李戴，玷污试剂；倒取溶液时，标签应朝上，以免标签被药剂侵蚀。

3. 易燃易爆和具有腐蚀性、有毒药品使用常识

不允许把各种化学药品任意混合，以免发生意外事故。可燃性溶剂均不能用直火加热，在使用和处理这些化学药品时必须在没有火源且通风的实验室中进行。

在实验过程中，学生应避免触电、着火、爆炸、中毒和辐射，在保护好自身安全的前提下探索科学知识。

（三）发生实验事故时的应对方法

一旦不慎发生实验事故，要保持头脑冷静，做好防护，将实验事故的损失降至最低。

1. 注意防护

（1）呼吸防护。在确认发生毒气泄漏或危险化学品事故后，应马上用手帕、餐巾纸、衣物等随手可及的物品捂住口鼻。身旁若有水或饮料，把手帕、衣物等浸湿，最好能及时戴上防毒面具、防毒口罩。

（2）皮肤防护。尽可能戴上手套，穿上雨衣、雨鞋等，或用床单、衣物遮住裸露的皮肤。如果已备有防化服等防护装备，要及时穿戴。

（3）眼睛防护。尽可能戴上各种防毒眼镜、防护镜或游泳用的护目镜等。

（4）食品检测。污染区及周边地区的食品和水源不可随便动用，须经检测无害后方可食用。

2. 迅速撤离

判断毒源与风向，沿上风或侧上风路线朝着远离毒源的方向撤离现场。到达安全地点后，要及时脱去被污染的衣服，用流动的水冲洗身体，特别是曾经裸露的部分。

3. 尽快救治

发现有人员伤亡时，迅速拨打 120 急救电话，将受伤人员及早送医院救治。受伤人员在等待救援时应保持平静，避免剧烈运动，以免心肺负担加重而病情恶化。

↘ 知识链接

安全教育影片—《事故的代价》

《事故的代价》是美国的获奖安全教育影片，讲述的是主人公乔伊在高空作业时，没有严格遵循现场工作要求和安全规章制度，忘记了开工前主管交代的安全注意事项，未挂防坠落保险绳，并且违规打电话，将潜在的危险和规章制度抛之脑后而造成惯性违章行为，以致发生了严重的安全事故。

通过影片可以看到，乔伊的一次不安全行为给自己、家庭、公司、他人造成了无法挽回的严重后果。片中鲜活的案例、悲惨的场面及血的教训再一次警示人们：事故猛于虎，安全大于天；珍爱生命，从杜绝违章做起。

影片提示我们：一个不规范行为可能会毁掉个人和家庭的幸福，并殃及无辜。千万不能因为一个小小的不安全行为或隐情而置若罔闻，埋下隐患，造成事故的"连锁反应"，以至于"小洞不补，大洞受苦"。

第三节　常用劳动安全技能

一、急救常识与技能

（一）心肺复苏

心搏骤停一旦发生，如得不到及时的抢救复苏，4 ~ 6 分钟后，便会造成患者脑和其他人体重要器官组织的不可逆的损害。当发现患者出现意识丧失，且无呼吸无脉搏时，便应立即拨打急救电话，同时实施心肺复苏术。

心肺复苏可分为四个步骤，即胸外按压、开放气道、人工呼吸和 AED 使用，如图 9-1 所示。

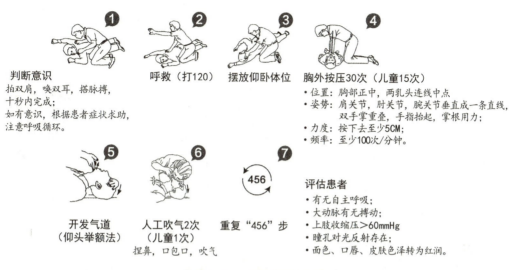

判断意识
拍双肩，唤双耳，搭脉搏，
十秒内完成；
如有意识，根据患者症状求助，
注意呼吸循环。

呼救（打120）

摆放仰卧体位

胸外按压30次（儿童15次）
• 位置：胸部正中，两乳头连线中点
• 姿势：肩关节，肘关节，腕关节垂直成一条直线，双手掌重叠，手指抬起，掌根用力；
• 力度：按下去至少5CM；
• 频率：至少100次/分钟。

开发气道
（仰头举额法）

人工吹气2次
（儿童1次）
捏鼻，口包口，吹气

重复"456"步

评估患者
• 有无自主呼吸；
• 大动脉有无搏动；
• 上肢收缩压>60mmHg
• 瞳孔对光反射存在；
• 面色、口唇、皮肤色泽转为红润。

图 9-1 心肺复苏抢救流程

1. 胸外按压

（1）将患者放置于平整硬地面上，呈仰卧位，其目的是为了保证进行胸外按压时，有足够按压深度。

（2）跪立在患者一侧，两膝分开。

（3）开始胸外按压，找准正确按压点，保证按压力量、速度和深度。

按压点为患者两乳头连线的中点部位（胸骨中下段），右手（或左手）掌根紧贴患者胸部中点，双手交叉重叠，右手（或左手）五指翘起，双臂伸直；利用上身力量，用力按压 30 次，速度至少保证 100～120 次 / 分，按压深度至少 5～6 厘米。按压过程中，掌根部不可离开胸壁，以免引起按压位置波动，而发生肋骨骨折。

2. 开放气道

仰头抬 / 举颏法开放气道：用一只手放置在患者前额，并向下压迫，另一只手放在颏部（下巴），并向上提起，头部后仰，使双侧鼻孔朝正上方即可；将患者头偏向一侧，看患者口腔是否有分泌物，并进行清理；如有活动假牙，需摘除。

3. 人工呼吸

在患者口部放置呼吸膜进行隔离，若无呼吸膜，可以用纱布、手帕、一次性口罩等透气性强的物品代替，但不能用卫生纸巾这类遇水即碎物品代替。用手捏住患者鼻翼两侧，用嘴完全包裹住患者嘴部，吹气两次。每次吹气时，需注意观察胸廓起伏，保证有效吹气，并松开紧捏患者鼻翼的手指；每次吹气，应持续 1~2 秒，不宜时间过长，也不可吹气量过大。

注意：以上步骤按照30：2的比例，重复进行胸外按压和人工呼吸，直到医护人员赶到30次胸外按压和2次人工呼吸为一个循环，每5个循环检查一次患者呼吸、脉搏是否恢复，直到医护人员到场。当进行一定时间感到疲累时，及时换人持续进行，确保按压深度及力度。

4. AED 使用

当取得 AED（自动体外除颤器）后，打开 AED 电源，按照 AED 语音提示，进行操作；根据电极片上的标识，将一个贴在右胸上部，另一个贴在左侧乳头外缘（可根据 AED 上的图片指示贴）；离开患者并按下心电分析键，如提示室颤，按下电击按钮；如果一次除颤后未恢复有效心率，立即进行 5 个循环心肺复苏，直至专业医护人员赶到。

心肺复苏演示

（二）止血

止血方法有四种，分别是指压止血、加压包扎止血、填塞止血、止血带止血。其中，填塞止血只有在四肢使用，严禁填塞腹腔、胸腔；止血带止血在万不得已的情况下才使用。

表 9-1 四种止血方法的具体用法

止血方法	受伤地方	具体用法
指压止血	头顶部出血	一侧头顶部出血，用食指或拇指压迫同侧耳前方颞浅动脉搏动点，如压迫一侧不行就同时压迫另一侧
加压包扎止血	颜面部出血	一侧颜面部出血，用食指或拇指压迫同侧动脉搏动处。面动脉在下颌骨下缘下颌角前方约3厘米处
	头面部出血	一侧头面部出血，可用拇指或其他四指在颈总动脉搏动处，压向颈椎方向。颈部动脉在气管与胸锁乳突肌之间
	肩颈部出血	用食指压迫同侧锁骨窝中部的锁骨下动脉搏动处，将其压向深处的第一肋骨
	前臂出血	用拇指或其余食指压迫上臂内侧肱二头肌内侧沟处的搏动点
	手部出血	互救时两手分别压迫手胸襟横纹稍上处，内外测（尺、桡动脉）各有一搏动点
	大腿以下出血	用双拇指重迭用力压迫大腿上端腹股沟中点稍下方股动脉博处
	伤口无异物、骨碎片时的出血	先将干净敷料放在伤口上，再用绷带卷、三角巾或髋部作加压包扎至伤口不再出血为止

续表

止血方法	受伤地方	具体用法
填塞止血	膝或肘关节以下部位出血，无骨、关节损伤时	先用后棉垫或纱布卷塞在肘窝或腘窝处，屈膝或肘，再用三角巾、绷带或宽皮带进行屈肢加压包扎
止血带止血	头颈、四肢动脉大出血	首先用布带或绷带在肢体上绕两圈，打一个结，然后在上面放一个止血棒，打一个方形结固定，将止血棒转紧，使血流停止，最后固定止血棒，并注明详细的使用时间

（三）包扎

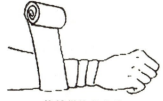

简单螺旋包扎法

包扎是外伤急救时最常用的方法。它具有保护伤口、减少感染、加压止血、固定敷料和夹板以及减轻疼痛等作用。一般可以用三角巾和无菌纱布包扎。在紧急情况下，可用清洁的毛巾、被单等代替。

（1）简单螺旋包扎法。先将绷带缠绕肢体两圈固定，然后由受伤部位的下方开始，由下而上进行包扎。包扎时应用力均匀，由内而外扎牢，每绕一圈时，遮盖前一圈绷带的 2/3，露出 1/3。包扎完成时应将盖在伤口上的敷料完全遮盖。

（2）人字形包扎法。先将绷带在患者肢体关节中央处缠绕一圈做固定，然后绕一圈向下，再绕一圈向上，反复向下、向上缠绕。结束时，在关节的上方重复缠绕一圈并固定，如图 9-2 所示。

图 9-2　人字形包扎法

（3）三角巾头部包扎法。扶患者坐稳，去除眼镜或头饰。用干净的纱布垫或布（棉）垫按压在头顶部伤口上，加压止血约 10 秒。将三角巾的底边折叠约两横指宽，边缘结于患者前额齐眉处，覆盖好布垫，顶角拉向后颅部。将三角巾两底角沿两耳上方向后收，在后部枕骨下交叉并压紧顶角，然后绕回前额正中打结。将患者头后部的顶角拉紧并向上返折，将顶角塞进两底角的交叉处，如图 9-3 所示。

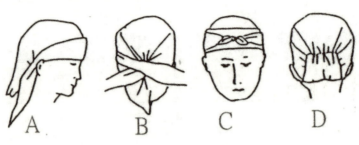

图 9-3 三角巾头部包扎法

（四）骨折固定

当发生患者骨折时，应及时固定伤处。一定要采取正确的固定方法，临时可用木棍、硬纸板等硬物绑在伤处当固定器材；如果伤在四肢，木棍长度要超过伤处上下的两个关节。如果手头没有木棍，可以用报纸、杂志等卷实代替。材料长短要以能固定骨折上下两个关节或不使断骨错位为好。如果实在找不到合适的物品，也可将受伤肢体绑在健侧肢体或胸部，总之起到固定作用，以防神经、血管受到二次损伤。对于有脊柱或颈部骨折的，不能随意搬动患者，应尽快联系医生，等待携带医疗器材的医护人员搬动。

（五）搬运

（1）单人搬运。救护者站于伤者的一侧，使其身体略靠着救护者，一起行走；或者一人直接将伤者抱起行走；或者将伤者背起行走。如果伤者卧于地上，救护者可先躺其一侧，用一只手紧握伤者肩部，另一只手抱其腿，用力翻身，使其伏于救护者背上，而后慢慢起来行走，如图9-4所示。

图 9-4 单人搬运方法

（2）双人搬运。一人站在伤者头旁，两手插入伤者腋下，将其抱入怀内；另一人站在伤者两腿中间，托起伤者双腿，然后步调一致地前行。或者救护者两人手臂交叉，呈坐椅状，让伤者坐在手臂上，伤者的两臂搭在救护者的脖子上，如图9-5所示。

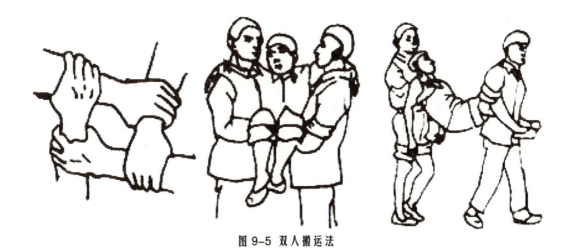

图 9-5 双人搬运法

二、劳动事故应急处置

在家庭生活中，某些突发的意外伤害和危重急症一旦处理不当，往往会使小伤变成重伤、小病变成大病。如果懂一些急救的常识，当身边的人发生意外时，就能有条不紊、分秒必争地对其加以救治与护理。

（一）烧烫伤

遇到烧烫伤时一定要保持冷静，应做到以下四点：

冲——迅速以流动的自来水冲洗，以快速降低皮肤表面热度（冲凉的时间越早越好）。

脱——冲洗后，再小心除去衣物，必要时可以用剪刀剪开衣服，并保留粘住的部分，尽量避免将水疱弄破。

盖——用清洁纱布覆盖。勿任意涂抹外用药或民间偏方，不要直接在受伤部位涂抹香油、酱油、牙膏等物品，因为它们并无任何治疗烫伤的作用，反而会增加医生治疗的困难。也不要涂抹紫药水等，因为这些物品着色重、不易清洗，会影响医生判断伤情。

送——除小烫伤自理外，最好送邻近的医院作进一步处理。如果去医院的路途比较遥远，途中应大量饮水。

（二）触电

发生触电后，立即切断电源或用木棒、竹竿等绝缘物把伤员拨开，脱离电源。若电线搭落在触电者身上或被压在身下，可用干燥的绳索、木棒等绝缘物作为工具，拉开触电者或排开电线，使触电者脱离电源。

如果触电者呼吸、心跳已经停止，在脱离电源后要立即将其移到通风较好的地方，解开其衣扣、裤带，保持其呼吸道通畅。然后进行人工呼吸，同时进行胸外心脏挤压。触电的人可能出现"假死"现象，所以要长时间地进行抢救，而不应轻易放弃。

（三）溺水

溺水是游泳或摔入水坑、水井等常见的意外事故。溺水现场急救至关重要，应争分夺秒。在救护车没有赶到之前可以进行以下紧急处理：迅速将溺水者脱离溺水现场，并清除口、鼻异物，保持呼吸通畅。令溺水者头低位拍打背部，使进入呼吸道和肺中的水流出，但要注意时间不要长。如有呼吸抑制和心跳停止的情况，应该立刻进行人工呼吸。条件允许的话可以给其换上干的衣物，注意保暖。

（四）中暑

遇到中暑人员，除了尽快使其远离潮热高温的环境，还可立即用湿毛巾凉敷其头部，或用湿床单、湿衣服包裹并用扇子使劲扇，以加快散热。

（五）火灾

1. 湿毛巾堵口鼻，防止吸入烟雾

在火灾发生时往往会产生大量的浓烟，这些浓烟里含有大量的有害物质和粉尘颗粒，被吸入人体会引起窒息、中毒、昏迷等病况，使用湿毛巾捂住鼻子的主要目的就是为了防止过多地吸入这些有害物质和颗粒。

2. 第一时间逃离火灾现场

避开火势，果断迅速逃离火场。大火的燃烧往往会引起坍塌等情况，在火灾中，人们应该保持冷静的头脑，尽量远离火势，并迅速逃离火场，最大限度地确保生命安全。

3. 有效地寻找逃生的出路

如果不幸置身于火场，应该寻找可能的逃生出路，尽快逃离现场。

4. 趴在地上等待救援

如果是身入防火门里，防火门监控系统在火灾发生后为了保证门里的安全已经将防火门关闭，并且身边有手机或电话一类的通讯设备，应该第一时间发出求救信号，然后趴在地上等待救援。千万不要盲目地逃出防火门，这样可能会严重威胁到生命安全。

在火灾中，应尽量采取自救措施，确保生命安全，如图9-8所示。

图 9-8　火场逃生自救口诀

📖 **拓展阅读**

大学生利用急救知识在列车上救人

在返乡的列车上，一名乘客突然昏倒，他挺身而出，不顾乘客口中污物，用在校学习的专业急救知识救人，令晕倒乘客转危为安。他就是上海海事大学的大学生陈陆原。

2015 年 1 月 28 日，从上海开往郑州的 K1102 次列车即将到达镇江站时，8 号车厢内一名 40 多岁的女乘客突然倒地昏厥，口吐白沫。列车长立即通过车内广播寻求医护帮助。身处 10 号车厢的陈陆原闻讯后赶到 8 号车厢，主动询问并检查病员情况，发现其脉搏微弱，体温下降。此时正值列车进站，他与列车员一起将乘客抬上站台，配合实施胸外按压和人工呼吸。经过 10 多分钟的紧急抢救后，乘客面色逐渐好转，最终脱离生命危险。

三、防疫卫生知识

（一）日常生活中防疫注意事项

保持良好的个人卫生习惯。咳嗽或打喷嚏时用纸巾掩住口鼻，勤洗手，使用肥皂或洗手液并用流动水洗手，用一次性纸巾或干净毛巾擦手；不用脏手触摸眼睛、鼻或口；双手接触呼吸道分泌物后应立即洗手；家庭成员不共用毛巾、水杯等；不随地吐痰，口鼻分泌物用纸巾包好弃置于有盖垃圾箱内。

增强体质和免疫力均衡饮食、适量运动、作息规律，避免过度疲劳。

保持环境清洁和通风。每天开窗通风数次不少于 3 次，每次 20 ~ 30 分钟。户外空气质量较差时，通风换气频次和时间应适当减少。

避免多人聚会。尽可能避免与有呼吸道疾病症状（如发热、咳嗽或打喷嚏等）的人密切接触；尽量避免到人多拥挤和空间密闭的场所，如必须去应佩戴口罩。

（二）正确洗手

1. 洗手时机

洗手的时候主要有：传递文件前后；在咳嗽或打喷嚏或双手接触呼吸道分泌物后；在制备食品之前、期间和之后；吃饭前；上厕所后；手脏时；在接触他人后；接触过动物之后；外出回来后。

2. 洗手的方法

洗手可以用七步洗手法，如图9-6所示。

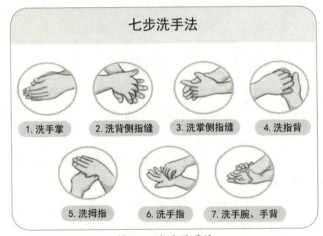

图9-6 七步洗手法

（三）戴口罩

1. 口罩的选择

（1）一次性医用口罩，连续佩戴4小时更换，污染或潮湿后立即更换。

（2）N95医用防护口罩，连续佩戴4小时更换，污染或潮湿后立即更换。

（3）棉布口罩、海绵口罩均不推荐。

2. 口罩的佩带

（1）分清楚口罩的正面、反面、上端、下端。医用口罩颜色深的是正面，正面应该朝外；颜色比较浅的一面是反面，反面正对脸部；医用口罩上有鼻夹金属条，有金属条的部分应该在上方。

（2）戴口罩前应先将手洗干净，将口罩横贴在脸部口鼻上，将两端的绳子挂在耳朵上。

（3）用双手压紧鼻梁两侧的金属条，使口罩上端紧贴鼻梁，然后向下拉伸口罩，使口罩不留有褶皱，最好覆盖住鼻子和嘴巴。

口罩的佩戴方法如图 9-7 所示。

1. 将口罩平展，双手平拉推向面部，长鼻梁条在上方。

2. 用指尖由内向外按压鼻梁条，顺着鼻梁形状向两侧移动。

3. 将口罩上下完全展开，使其全面遮盖口鼻，贴合面部。

图 9-7 口罩的佩戴方法

↘ 课程实践

【活动名称】 紧急救助—心肺复苏

心肺复苏是急救知识的一项重要内容。请分小组进行心肺复苏演练，每组 4～5 人，每组同学依次轮流对医学假人实施心肺复苏。每组活动时间为 30 分钟。活动结束后，请评选出动作最标准小组，并分析你所在小组在实施心肺复苏时存在的问题。

扮演角色：＿＿＿＿＿＿＿＿＿＿＿＿＿＿＿＿＿＿＿＿＿＿＿＿＿＿＿

存在的问题：＿＿＿＿＿＿＿＿＿＿＿＿＿＿＿＿＿＿＿＿＿＿＿＿＿＿

实践表现：＿＿＿＿＿＿＿＿＿＿＿＿＿＿＿＿＿＿＿＿＿＿＿＿＿＿＿

思考题

1. 安全意识有什么作用？

2. 如何培养安全意识？

3. 顶岗实习安全事故频发的原因有哪些？

4. 在社会实践过程中如何保障人身安全？

5. 实验室操作安全的基本常识有哪些？

6. 常用的急救措施有哪些？各自的基本操作要领有哪些？

7. 日常救护措施有哪些？

第十章 劳动合同与劳动争议

↘ 学习目标

1. 熟悉《劳动合同法》对劳动合同的有关规定。

2. 了解劳动相关法律对劳动安全和卫生保护的规定。

3. 掌握劳动法律对劳动者权益保护的有关规定，学会保护合法劳动权益。

课程导入

　　赵某是一家公司的销售员，跟公司签有1年期的劳动合同，约定赵某每个季度须完成一定数额的销售任务，个人收入则主要是销售提成。尽管赵某对销售工作满怀热情，不辞辛苦，但头一个季度下来，所办业务寥寥无几，远远没有完成公司的业绩指标。公司销售主管提醒赵某，若第二季度仍完不成任务，他就会面临被解聘的可能。为了保住工作，赵某更加努力，甚至发动了所有的亲戚朋友，第二季度的销售业绩比头一季度有所提高，但比公司的任务指标还是差了不少，于是他担心的事情发生了：公司销售主管口头通知赵某，鉴于他连续半年都不能完成公司的任务，公司认为他不能胜任销售工作，因此决定解除劳动合同，请他在3天内办好离职手续。赵某万般请求，希望公司能再给他一次机会，被拒绝后，赵某又提出自己的劳动合同期限是1年，公司提前解除劳动合同，应该支付经济补偿金。但公司销售主管以解除合同是因为赵某自己不能胜任工作，且事先又提醒过他为由，拒绝了赵某支付经济补偿金的要求，双方遂发生争议。

　　为了保护劳动者的安全和权益，我国制定了《劳动法》《劳动合同法》，以及违反劳动相关法律的经济补偿和赔偿办法等法律法规。对劳动者权益的保护，其目的是为了让劳动者获得应享有的权益，包括平等就业和选择职业的权利、取得劳动报酬的权利、休息休假的权利、获得劳动安全卫生保护的权利、接受职业技能培训的权利、享受社会保险和福利的权利、提请劳动争议处理的权利以及法律规定的其他劳动权利等。劳动保护的目的是为劳动者创造安全、卫生、舒适的劳动工作条件，消除和预防劳动生产过程中可能发生的伤亡、职业病和急性职业中毒，保障劳动者以健康的劳动力参加社会生产，促进劳动生产率的提高，保证社会主义现代化建设顺利进行。保护劳动者的安全和权益，是党和国家的一项基本方针，是坚持社会主义制度的本质要求，是发展生产、促进经济建设的一项根本性大事，也是社会主义物质文明和精神文明建设的一项重要内容。

第一节　劳动合同

　　经济社会是一个动态循环系统，深受劳动关系影响。劳动关系是用人单位与劳动者之间依法确立的劳动过程中的权利义务关系，也是现代社会经济生活中最基本、最重要的社会关系之一。党的十八大召开之后，党中央确立了"以人民为中心"的发展理念，适应中国社会主要矛盾的变化，2015年，中共中央、国务院发布《关于构建和谐劳动关系的意见》，对构建和谐劳动关系作出顶层设计和部署，要求建立规范有序、公正合理、互利共赢、和谐稳定的劳动关系。

一、劳动关系的建立

劳动关系是指劳动者与用人单位依法签订劳动合同而在劳动者与用人单位之间产生的法律关系。劳动者接受用人单位的管理，从事用人单位安排的工作，成为用人单位的成员，从用人单位领取劳动报酬和受劳动保护。

用人单位，是指中华人民共和国境内的企业、个体经济组织、民办非企业单位等组织。同时，也包括国家机关、事业单位、社会团体。劳动者，是指达到法定年龄，具有劳动能力，以从事某种社会劳动获得收入为主要生活来源，依据法律或合同的规定，在用人单位的管理下从事劳动并获取劳动报酬的自然人。

劳动关系自用工之日起建立。《劳动合同法》第十条规定，建立劳动关系，应当订立书面劳动合同。已建立劳动关系，未同时订立书面劳动合同的，应当自用工之日起一个月内订立书面劳动合同。用人单位与劳动者在用工前订立劳动合同的，劳动关系自用工之日起建立。

二、劳动合同的类型与特征

（一）劳动合同的类型

劳动合同按合同期限分为三种，即有固定期限、无固定期限、以完成一定的工作为期限，三种期限的规定见表 10-1。用人单位与劳动者在协商选择合同期限时，应根据双方的实际情况和需要来约定。

表 10-1　劳动合同的三种期限

合同期限形式	含义
有固定期限	合同作出了明确规定，如 1 年期限、3 年期限等
无固定期限	合同期限没有具体时间约定，只约定终止合同的条件，无特殊情况，这种期限的合同存续到劳动者到达退休年龄。
以完成一定的工作为期限	用人单位与劳动者约定以某项工作的完成为合同期限

📖 拓展阅读

试用期的规定

试用期是指包括在劳动合同期限内，用人单位对劳动者是否合格进行考核，劳动者对用人单位是否符合自己要求也进行考核的期限。

同一用人单位与同一劳动者有且只能约定一次试用期。

劳动合同期限在三个月以上的，可以约定试用期。固定期限劳动合同能够约定试用期的最低起点为三个月。

劳动合同期限三个月以上不满一年的，试用期不得超过一个月；劳动合同期限一年以上不满三年的，试用期不得超过两个月；三年以上固定期限和无固定期限的劳动合同，试用期不得超过六个月。

（二）劳动合同的特征

劳动合同除了具有合同的共同特征外，还具有以下独有的特征：

劳动合同主体具有特定性。一方是劳动者，即具有劳动权利能力和劳动行为能力的中国人、外国人和无国籍人；另一方是用人单位，即具有使用劳动能力的权利能力和行为能力的企业、个体经济组织、事业组织、国家机关、社会团体等用人单位。双方在实现劳动过程中具有支配与被支配、领导与服从的从属关系。

劳动合同内容具有劳动权利和义务的统一性和对应性。没有只享受劳动权利而不履行劳动义务的，也没有只履行劳动义务而不享受劳动权利的。一方的劳动权利是另一方的劳动义务，反之亦然。

劳动合同客体具有单一性，即劳动行为。

劳动合同具有诺成、有偿、双务合同的特征。劳动者与用人单位就劳动合同条款内容达成一致意见，劳动合同即成立。用人单位根据劳动者劳动的数量和质量给付劳动报酬，不能无偿使用劳动力。劳动者与用人单位均享有一定的权利并履行相应的义务。

劳动合同往往涉及第三人的物质利益关系。劳动合同必须具备社会保险条款，同时劳动合同双方当事人也可以在劳动合同中明确规定有关福利待遇条款，而这些条款往往涉及第三人物质利益待遇。

↘ 知识链接

合同的法律特征

合同是两个以上法律地位平等的当事人意思表示一致的协议；

合同以产生、变更或终止债权债务关系为目的；

合同是一种民事法律行为。

三、劳动合同订立的原则

（一）合法原则

劳动合同必须依法以书面形式订立。做到主体合法、内容合法、形式合法、程序合法。只有合法的劳动合同才能产生相应的法律效力。任何一方面不合法的劳动合同，都是无效合同，不受法律承认和保护。

（二）协商一致原则

在合法的前提下，劳动合同的订立必须是劳动者与用人单位双方协商一致的结果，是双方"合意"的表现，不能是单方意思表示的结果。

（三）合同主体地位平等原则

在劳动合同的订立过程中，当事人双方的法律地位是平等的。劳动者与用人单位不因为各自性质的不同而处于不平等地位，任何一方不得对他方进行胁迫或强制命令，严禁用人单位对劳动者横加限制或强迫命令的情况。只有真正做到地位平等，才能使所订立的劳动合同具有公正性。

（四）等价有偿原则

劳动合同明确双方在劳动关系中的地位作用，劳动合同是一种双务有偿合同，劳动者承担和完成用人单位分配的劳动任务，用人单位付给劳动者一定的报酬，并负责劳动者的保险金额。

四、劳动合同的履行、变更、解除与终止

（一）劳动合同的履行

1. 亲自履行原则

合同是当事人之间设立、变更、终止民事权利义务的协议。一般情况下必须坚持当事人亲自履行原则。

2. 全面履行原则

当事人应当按照约定全面履行自己的义务。这就是通常所称的合同全面履行原则，具体包括以下内容：

（1）在能够履行的前提下应当实际履行而不能以支付违约金或者赔偿金的方式代替履行；

（2）必须履行合同约定的全部义务而不能只履行部分义务；

（3）必须按合同约定的时间履行义务而不能随意改变；

（4）必须按合同约定的地点、方式等履行义务而不能加以改变或者增加对方的成本。

3. 实际履行原则

实际履行是指合同生效后，一方当事人违反合同义务时，另一方当事人有权请求法院或仲裁机关强制违约方继续履行合同义务。

4. 诚实信用原则

当事人应当遵循诚实信用原则，根据合同的性质、目的和交易习惯履行通知、协助、保密等义务。用人单位变更名称、法定代表人、主要负责人或者投资人等事项，不影响劳动合同的履行。

变更条件合同的变更是指在合同成立以后，尚未履行或未完全履行以前，当事人就合同的内容达成的修改和补充。《劳动合同法》第三十五条规定，用人单位与劳动者协商一致，可以变更劳动合同约定的内容。

（二）劳动合同的变更

变更劳动合同应当采用书面形式。

（1）合同的变更必须经当事人协商一致，是在原来合同的基础上达成变更协议。

（2）合同内容的变更是指合同内容的局部变化，不是合同内容的全部变更。

（3）合同变更后，原合同的变更的部分依变更后的内容履行，原合同没有变更的部分依然有效，即合同的变更并没有消灭原合同关系，只是对原合同的内容进行了部分修改。

（三）劳动合同的解除

劳动合同的解除包括双方解除和单方解除。双方解除是当事人双方为了消灭原有的合同而订立的新合同，即解除合同。单方解除是指当事人一方通过行使法定解除权或者约定解除权而使合同的效力消灭。根据劳动合同的解除方不同，常有以下三种分类：

（1）劳动者与用人单位双方协商一致解除劳动合同。《劳动法》第二十四条规定，经劳动合同当事人协商一致，劳动合同可以解除。

（2）劳动者单方解除劳动合同。根据《中华人民共和国劳动合同法实施条例》第十八条规定，具有下列情形之一的，依照劳动合同法规定的条件、程序，劳动者可以与用人单位解除固定期限劳动合同、无固定期限劳动合同或者已完成某一项工作任务为期限的劳动合同：

①劳动者与用人单位协商一致的；

②劳动者提前 30 日以书面形式通知用人单位的；

③劳动者在试用期内提前 3 日通知用人单位的；

④用人单位未按照劳动合同约定提供劳动保护或者劳动条件的；

⑤用人单位未及时足额支付劳动报酬的；

⑥用人单位未依法为劳动者缴纳社会保险费的；

⑦用人单位的规章制度违反法律、法规的规定，损害劳动者权益的；

⑧用人单位以欺诈、胁迫的手段或者乘人之危，使劳动者在违背真实意思的情况下订

立或者变更劳动合同的；

⑨用人单位在劳动合同中免除自己的法定责任、排除劳动者权利的；

⑩用人单位违反法律、行政法规强制性规定的；

⑪用人单位以暴力、威胁或者非法限制人身自由的手段强迫劳动者劳动的；

⑫用人单位违章指挥、强令冒险作业危及劳动者人身安全的；

⑬法律、行政法规规定劳动者可以解除劳动合同的其他情形。劳动者提前 30 日以书面形式通知用人单位，可以解除劳动合同。劳动者在试用期内提前 3 日通知用人单位，可以解除劳动合同。

（3）用人单位可以单方解除劳动合同的情形。根据《中华人民共和国劳动合同法实施条例》第十九条规定，有下列情形之一的，依照劳动合同法规定的条件、程序，用人单位可以与劳动者解除固定期限劳动合同、无固定期限劳动合同或者以完成一定工作任务为期限的劳动合同：

①用人单位与劳动者协商一致的；

②劳动者在试用期间被证明不符合录用条件的；

③劳动者严重违反用人单位的规章制度的；

④劳动者严重失职，营私舞弊，给用人单位造成重大损害的；

⑤劳动者同时与其他用人单位建立劳动关系，给完成本单位的工作任务造成严重影响，或者经用人单位提出，拒不改正的；

⑥劳动者以欺诈、胁迫的手段或者乘人之危，使用人单位在违背真实意思的情况下订立或者变更劳动合同的；

⑦劳动者被依法追究刑事责任的；

⑧劳动者患病或者非因工负伤，在规定的医疗期满后不能从事原工作，也不能从事由用人单位另行安排的工作的；

⑨劳动者不能胜任工作，经过培训或者调整工作岗位，仍不能胜任工作的；

⑩劳动合同订立时所依据的客观情况发生重大变化，致使劳动合同无法履行，经用人单位与劳动者协商，未能就变更劳动合同内容达成协议的；

⑪用人单位依照企业破产法规定进行重整的；

⑫用人单位生产经营发生严重困难的；

⑬企业转产、重大技术革新或者经营方式调整，经变更劳动合同后，仍需裁减人员的；

⑭其他因劳动合同订立时所依据的客观经济情况发生重大变化，致使劳动合同无法履行的。

（4）为了充分保障劳动者的合法权益，根据《劳动合同法》第四十二条规定，劳动者有下列情形之一的，用人单位不得依照本法第四十条、第四十一条的规定解除劳动合同：

①从事接触职业病危害作业的劳动者未进行离岗前职业健康检查，或者疑似职业病病人在诊断或者医学观察期间的；

②在本单位患职业病或者因工负伤并被确认丧失或者部分丧失劳动能力的；

③患病或者非因工负伤，在规定的医疗期内的；

④女职工在孕期、产期、哺乳期的；

⑤在本单位连续工作满十五年，且距法定退休年龄不足五年的；

⑥法律、行政法规规定的其他情形。

（四）劳动合同的终止

《劳动法》第二十三条规定，劳动合同期满或者当事人约定的劳动合同终止条件出现，劳动合同即行终止。劳动合同的终止是指劳动合同期满或当事人双方约定的劳动合同终止条件出现，劳动合同即行终止。

（1）有下列情形之一的，劳动合同终止：

①劳动合同期满的；

②劳动者开始依法享受基本养老保险待遇的；

③劳动者死亡，或者被人民法院宣告死亡或者宣告失踪的；

④用人单位被依法宣告破产的；

⑤用人单位被吊销营业执照、责令关闭、撤销或者用人单位决定提前解散的；

⑥法律、行政法规规定的其他情形。

（2）劳动者达到法定退休年龄的，劳动合同终止。

📖 拓展阅读

中国劳动关系的与时俱进

劳动关系是用人单位与劳动者之间依法确立的劳动过程中的权利义务关系，也是现代社会经济生活中最基本、最重要的社会关系之一。改革开放40年来，中国长期的经济转型和社会发展带来了劳动关系的巨大变化，大致经历了4个主要阶段。

第一阶段是从1978年到1991年，劳动关系从一元转向多元。党的十一届三中全会确立了改革开放基本国策后，理论界提出劳动关系上的"两个转变"，即改变过去"统包统配"的就业制度，改变原来强调固定工的用工方式。从立足于把国营企业发展成为相对独立的经济实体的目的出发，行政性劳动关系逐渐松动，开始实行劳动合同制度。随着多种所有制形式和多种经营方式的出现，国家出台了"准许农民进城务工经商"的政策，个体工商户、私营企业、外资企业、乡镇企业的多样化用工方式不断涌现。

第二阶段是从 1992 年到 2002 年，市场化劳动关系普遍建立。党的十四大明确了建立社会主义市场经济体制的目标，提出建立"以公有制经济为主体，多种经济成分长期共同发展"的基本经济制度，推动我国改革开放步伐全面加快。立足培育和发展劳动力市场，1994 年，全国人大通过了《中华人民共和国劳动法》，规定所有企业签订劳动合同建立劳动关系，执行统一的劳动规则和标准，推动城镇企业劳动合同制全覆盖。

第三阶段是从 2003 年到 2012 年，劳动关系从无序走向规范。2003 年，党的十六届三中全会提出"坚持以人为本的科学发展观"。立足促进社会主义和谐社会建设，党中央在 2006 年首次明确要求"发展和谐劳动关系"，2007 年，出台《中华人民共和国劳动合同法》，强调规范用人单位的用工行为和保护劳动者的合法权益。同时，通过颁发《劳动保障监察条例》和《劳动争议调解仲裁法》，着手建立和完善劳动关系三方协商机制，加大劳动争议调解和仲裁行为，及时解决劳动争议，在促进劳动关系规范化方面有了明显进展。

第四阶段是 2013 年以来，劳动关系在顶层设计中走向和谐稳定。党的十八大召开之后，党中央确立了"以人民为中心"的发展理念。适应中国社会主要矛盾的变化，2015 年，中共中央、国务院发布《关于构建和谐劳动关系的意见》，对构建和谐劳动关系做出顶层设计和部署。

📖 探究与交流

吴某被某公司聘为业务员，并与该公司签订了为期两年的劳动合同，劳动合同约定，吴某需先交 3000 元风险抵押金，如果吴某违约，则 3000 元押金不予退还，吴某试用期为 6 个月，试用期每月工资为 1500 元，试用期满后每月工资 3500 元，劳动合同还规定，如果吴某严重违反公司的劳动纪律，或者患病住院、怀孕等，公司有权立即解除劳动。

试分析以上合同有哪些违反劳动法有关规定的地方？

第二节　劳动争议的解决

劳动争议，也称劳动纠纷，指劳动关系当事人之间因劳动的权利与义务发生分歧而引起的争议。其中有的属于既定权利的争议，即因适用劳动法和劳动合同、集体合同的既定内容而发生的争议；有的属于要求新的权利而出现的争议，是因制定或变更劳动条件而发生的争议。

一、劳动争议的概念

劳动关系当事人，一方为劳动者，另一方为用人单位。劳动者主要是指与在中国境内的企业、个体经济组织建立劳动合同关系的职工和与国家机关、事业组织、社会团体建立劳动合同关系的职工。用人单位是指在中国境内的企业、个体经济组织以及国家机关、事业组织、社会团体等与劳动者订立了劳动合同的单位。不具有劳动法律关系主体身份者之间所发生的争议，不属于劳动争议。如果争议不是发生在劳动关系双方当事人之间，即使争议内容涉及劳动问题，也不构成劳动争议。例如，劳动者之间在劳动过程中发生的争议，用人单位之间因劳动力流动发生的争议，劳动者或用人单位与劳动行政管理中发生的争议，劳动者或用人单位与劳动行政部门在劳动行政管理中发生的争议，劳动者或用人单位与劳动服务主体在劳动服务过程中发生的争议等，都不属劳动争议。

劳动争议主要涉及劳动权利和劳动义务，包括就业、工资、工时、劳动保护、劳动保险、劳动福利、职业培训、民主管理、奖励惩罚等。劳动争议既可以表现为非对抗性矛盾，也可以表现为对抗性矛盾，而且，两者在一定条件下可以相互转化。在一般情况下，劳动争议表现为非对抗性矛盾，给社会和经济带来不利影响。

📖 拓展阅读

甲是外国人，自 2017 年起在某市一家外商独资企业工作，担任财务经理一职。用人单位与甲签订的劳动合同约定对岗位实行标准工时制，即每周工作五天，每天工作八小时。自 2018 年 1 月 1 日起公司向劳动部门申请，根据需要对公司包括高管在内的十多个岗位实行不定时工作制，并得到劳动部门的行政许可。2019 年甲与公司产生纠纷，公司以财务经理适用不定时工作制为由拒不支付加班费。

想一想

　　上述案例中甲能否主张自 2018 年到 2019 年的加班费？

二、劳动争议的处理原则

根据《劳动法》第七十八条规定，解决劳动争议，应当根据合法、公正、及时处理的原则，依法维护劳动争议当事人的合法权益。

根据《中华人民共和国企业劳动争议处理条例》的规定，处理劳动争议时应当遵循着重调解、及时处理，在查清事实的基础上依法处理，当事人在适用法律上一律平等的原则。

（一）着重调解原则

着重调解是处理劳动争议的基本手段，并且贯穿于劳动争议处理的始终。无论是调解、仲裁还是审判，都要贯彻先行调解原则，能够达成调解协议的首先要达成调解协议，调解的前提是双方自愿，自愿达成的协议必须合法。

（二）及时处理原则

劳动争议必须及时处理。调解虽然是调解争议的重要手段，但并不是万能的手段，当调解无法达成协议时不能久调不决。为此，《劳动法》第八十三条及《企业劳动争议处理条例》规定了关于调解、仲裁的期限。

（三）以事实为依据，以法律为准绳原则

以事实为依据，以法律为准绳是我国法制的基本原则，在处理劳动争议时，要求调解委员会、仲裁委员会及人民法院都必须对争议的事实进行深入、细致、客观的调查、分析，查明事实真相，这是准确适用法律、公正处理争议的基础。在查清事实的基础上，应当依照法律规定依法进行调解、仲裁和审判。处理劳动争议是一项政策性很强的工作，既不能主观臆断，更不能徇私枉法。以法律为准绳要求处理劳动争议判断是非、责任要以劳动法律、法规为依据；处理争议的程序要依法；处理的结果要合法，不得侵犯社会公共利益和他人的利益。

三、劳动争议的处理形式

劳动争议常有四种处理形式，即协商、调解、仲裁和诉讼。

⬊ 知识链接

> 劳动纠纷的解决要按照如图 10-1 所示的流程顺序解决，不能越过仲裁直接诉讼，这是劳动纠纷有别于一般民事纠纷的特征。一般民事纠纷当不能调解时，可选择仲裁或诉讼，但二者只能选一个，即如果仲裁了，则人民法院不予受理诉讼；如果诉讼了，就不能进行仲裁。

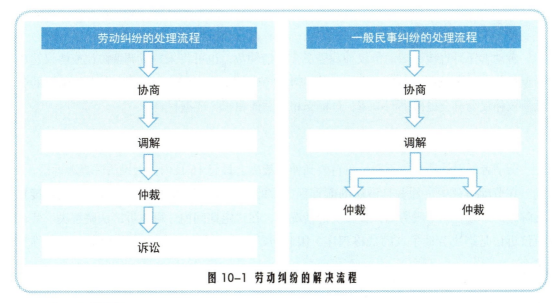

图 10-1　劳动纠纷的解决流程

（一）协商

劳动争议发生后，劳动者应当先尝试与用人单位进行协商。如对于工作时间、加班费、职工福利等不涉及工作变动和人事处理方面的争议，劳动者并不想与用人单位撕破脸，用人单位一般也不想把事情扩大化，所以双方进行协商的可能性较大，程序简单。因此，协商是最为简便易行的解决方法。

探究讨论

协商有固定的处理程序吗?

（二）调解

劳动者与用人单位可在自愿的前提下申请企业劳动争议调解委员会调解。劳动争议调解委员会是用人单位根据《劳动法》和《企业劳动争议处理条例》的规定在本单位内部设立的专门处理与本单位劳动者之间的劳动争议的群众性组织。除此机构之外，劳动者也可向依法设立的基层人民调解组织或在乡镇、街道设立的具有劳动争议调解职能的组织申请调解。

调解是处理企业劳动争议的基本办法或途径之一。事实上，调解可以贯穿着整个劳动争议的解决过程。它既指在企业劳动争议进入仲裁或诉讼以后由仲裁委员会或法院所做的调解工作，也指企业调解委员会对企业劳动争议所做的调解活动。这里所说的调解指的是后者。企业调解委员会所做的调解活动主要是指调解委员会在接受争议双方当事人调解申请后，首先要查清事实、明确责任，在此基础上根据有关法律和集体合同或劳动合同的规定，通过自己的说服、诱导，最终促使双方当事人在相互让步的前提下自愿达成解决劳动争议的协议。

（三）仲裁

劳动者还可直接向劳动争议仲裁委员会申请仲裁，也可将未达成调解协议或协议达成后反悔的劳动争议提请仲裁。但劳动者应当自劳动争议发生之日 60 日内向有管辖权的劳动争议仲裁委员会提出书面申请，且提交相应文件和相关证据材料。

（四）诉讼

劳动者如对仲裁裁决不服，可自收到仲裁裁决之日起 15 日内向人民法院提起诉讼。

在劳动争议中，仲裁是诉讼的前置程序，即当劳动争议发生后，劳动者不能直接到法院起诉，只有在不服劳动仲裁裁决的情况下，在法定期间内才可以诉诸法院解决。劳动争议诉讼是解决劳动争议的最终程序，因此劳动者应当积极把握这一法律上的最后维权机会。

↘ 知识链接

劳动争议处理证据收集技巧

一、关于书证

【收集方式】

1. "谁主张，谁举证"

书证的提供，原则上由主张相关事实的当事人负责。

2. 举证倒置

有证据证明一方当事人持有证据无正当理由拒不提供，如果对方当事人主张该证据的内容不利于证据持有人，可以推定该主张成立。

3. 申请调查取证

案件第三方持有的书证，可通过律师进行调查取证；若持有书证的案外第三人不愿将书证提交仲裁或法院的，又或当事人、代理人收集该文书确有困难的，则可由当事人向仲裁或法院提出书面调查取证的申请，要求仲裁机构或人民法院进行收集。

二、关于物证

【收集方式】

1. 勘验、检查

2. 搜查

3. 扣押

4. 提供与调取

由于物证的收集、调查多数关系到人身权利和物权的问题，其中物权不仅涉及该物证的所有权，还涉及物证的使用权，因此物证的收集调查是一项十分严肃的法律行为，必须严格遵守法律规定的程序。

三、关于视听资料

【收集方式】

1. 征得对方同意的情况下进行录制的视听资料；

2. 为保护自我权益且不侵犯他人合法权益也未违反法律禁止性规定的情况下录制的视听资料；

3. 经过第三方公证情况下录制的视听资料。

四、关于证人证言

【收集方式】

1. 主动制作谈话笔录

2. 由知情人出具证明

3. 由合法组织出具单位证明

4. 由律师取证

5. 申请仲裁或法院通知证人出庭作证

五、关于当事人陈述

【收集方式】

1. 出具书面的情况说明

2. 制作谈话笔录

3. 当事人进行的申诉的相关记录

六、关于鉴定结论

【收集方式】

1. 自行委托鉴定

2. 申请鉴定

四、劳动争议的处理程序

按照劳动争议的处理形式不同，其处理程序也不同。

（一）调解的处理程序

当产生劳动争议时，由调解委员会调解，其调解步骤如下：

申请　受理　调查　调解　制作调解协议书

（二）仲裁的处理程序

仲裁也称公断。仲裁作为企业劳动争议的处理办法之一，是指劳动争议仲裁机构依法对争议双方当事人的争议案件进行居中公断的执法行为。仲裁一般要经历以下几个阶段：

1. 案件受理阶段

这一阶段包括两项工作：一是当事人在规定的时效内向劳动争议仲裁委员会提交请求仲裁的书面申请；二是案件受理。仲裁委员会在收到仲裁申请后一段时间内要作出受理或不受理的决定。

2. 调查取证阶段

调查取证的目的是收集有关证据和材料，查明争议事实，为下一步的调解或裁决做好准备工作。调查取证工作包括撰写调查提纲，根据调查提纲进行有针对性的调查取证，核实调查结果和有关证据等。

3. 调解阶段

仲裁庭在查明事实的基础上，首先要做调解工作，努力促使双方当事人自愿达成协议。对达成协议的仲裁庭还需制作仲裁调解书。

4. 裁决阶段

经仲裁庭调解无效或仲裁调解书送达前当事人反悔，调解失败的，劳动争议的处理便进入裁决阶段。仲裁庭的裁决要通过召开仲裁会议的形式作出。一般要经过庭审调查、双方辩论和陈述等过程，最后由仲裁员对争议事实进行充分协商，按照少数服从多数的原则做出裁决。仲裁庭作出裁决后应制作调解裁决书。当事人对裁决不服的，可在规定时间内向法院起诉。

5. 调解或裁决的执行阶段

仲裁调解书自送达当事人之日起生效；仲裁裁决书在法定起诉期满后生效。生效后的调解或裁决，当事双方都应该自觉执行。

（三）诉讼的处理程序

诉讼是人民法院按照民事诉讼法规的程序，以劳动法规为依据，按照劳动争议案件进行审理的活动。不同时期、不同地区的诉讼程序不同，我国诉讼程序由刑事诉讼法和民事诉讼法所规定。

诉讼程序包含两方面的规定性：一方面是程序活动的阶段和过程，另一方面是一种关系安排，体现了程序主体之间的关系结构。

劳动诉讼的处理程序如图 10-3 所示。

图 10-3 劳动诉讼的处理程序

📖 **探究与交流**

和同学相互交流你身边发生的劳动争议。

📖 **拓展阅读**

制度落地让劳动者权益保障更踏实

一张连续凌晨打卡考勤记录，将深圳某 IT 精英猝死的消息推至公众视野。奋斗的生命夏然而止，而且这还不是第一个因过劳倒下的年轻人，人们唏嘘感叹之余，再次将目光聚焦劳动者权益保护。

休息休假，是劳动者基本权益的重要方面。近年来，一起起欠薪讨薪事件，一篇篇就业歧视报道，一次次工伤验证纠纷，一回回社保缴纳征求意见……在不断磨合碰撞、交流沟通中，劳动者权益的内涵越来越丰富具象，对接到普通人的生活工作中。劳动者对自身权益更加敏感，诉求水涨船高。人们不仅关心到手多少真金白银，也更加关心工作环境、福利社保、上升空间，等等。这时，维护劳动者合法权益停留在"不欠薪"乃至"涨薪"已经不够，制度设计理念需要进一步更新升级。

这些年，我国在劳动者权益保护方面取得了不少进步，劳动法体系已初步建立健全。近段时间更是动作频频，中央发文要求构建和谐劳动关系，各地如北京市总工会公布工资集体协商新三年计划。不同层面、不同角度的制度框架不断搭建，提振着劳动者士气。然而，理想与现实的差距仍不容小觑。就拿加班休假来说，《劳动法》第四十一条明确规定，加班每月最多不超 36 小时。而一项调查数据显示，2014 年我国九成行业周工时超 40 小时，食宿和餐饮业劳动者平均周工时甚至达到 51.4 小时。这里头，或许有劳动者个体为追求梦想而自愿付出，但根本原因恐怕还在于制度遭遇了种种梗阻。

劳动者的腰板要硬起来，有赖制度扎实落地。比如工资协商，渠道和形式是有了，但具体操作时，职工如何要求涨薪，多大幅度合适，企业若拒绝又当如何？比如带薪休假，人人都说好，但任务一来，不仅上层管理者不松口，即便是员工本人也难于启齿。规避以行业特点或岗位特性为由的"集体性"无视权利，让正当休假成为一种氛围，没有点强制措施怕是不行。让美好愿景真正化为劳动者的强力后盾，世界许多国家都还在探索，我们同样有很长一段路要走。

劳动既是人的生存之本，也是推动社会进步的根本力量。当前，我国正处于经济社会发展转型的关键时期，呼唤千千万万劳动者克勤克俭、埋头苦干，要最大限度激发劳动者的主观能动性，必须排除阻碍其参与发展、分享发展成果的障碍，努力让其实现体面劳动、全面发展。当尊重劳动的良好氛围蔚然而成，劳动者在劳动中实现自我发展、享受劳动乐趣，社会发展的推动力才更可持续。

⬎ 课程实践

【活动名称】 模拟法庭——劳务维权大家支招

　　以班级为单位，划分小组，每组4～5人，其中2～3名为法官，剩余2人分别为用人单位代表和劳动者。以劳务维权为背景，开展相关的实践活动。维权原因要求每组2～3条，维权方不定，每组开庭时间为30分钟。

思考题

1. 劳动合同有哪几种？
2. 劳动合同签订的原则有哪些？
3. 签订劳动合同的规定有哪些？
4. 劳动安全和卫生保护都有哪些规定？
5. 劳动纠纷解决的途径有哪些？
6. 劳动纠纷解决途径各自的流程和规定有哪些？